Слава Бродский

Релятивизм в языке и мышлении

Научно-литературная композиция

Manhattan Academia

Слава Бродский
Релятивизм в языке и мышлении

Slava Brodsky
Relativism in Language and Thought

Manhattan Academia, 2025
www.manhattanacademia.com
mail@manhattanacademia.com
ISBN: 978-1-936581-50-4

Эта книга – об относительности человеческого мышления и языка. Первая глава посвящена описанию релятивистской концепции языка. В ней рассматриваются самые общие проблемы языка, включающие положения о языке индивидуума, национальном языке и нормативном языке, а также проблемы обучения языку. В последующих главах говорится об относительности процессов в языке и мышлении в контексте и во взаимосвязи с концепцией релятивизма.

Содержание

Предисловие *7*

ГЛАВА ПЕРВАЯ

РЕЛЯТИВИСТСКАЯ КОНЦЕПЦИЯ ЯЗЫКА *9*

Введение 11

Язык индивидуума 14

Национальный язык 21

Обучение языку 27

Нормативный язык 40

Основные тезисы релятивистской концепции языка 46

ГЛАВА ВТОРАЯ

ЯЗЫК В КОНТЕКСТЕ РЕЛЯТИВИСТСКОЙ КОНЦЕПЦИИ *47*

Введение 48

О взаимопонимании 50

О нормах языка 56

Социология литературного языка 64

ГЛАВА ТРЕТЬЯ

ПРОБЛЕМЫ ПЕРЕВОДА *71*

Введение 73

Удельный вес сюжета 75

Что порождает трудности перевода 78

Промежуточные выводы 89

Что такое удачные переводы 97

Дальнейшие выводы 106

О переводах в мировой литературе 110

О переводе прозы 116

Что говорят теоретики перевода 123

О присуждении премий по литературе 127

Об авторском переводе 136

О таланте переводчика 140

Основные тезисы о переводах 143

ГЛАВА ЧЕТВЕРТАЯ

РЕЛЯТИВИСТСКАЯ КЛАСТЕР-МОДЕЛЬ ПРЕДПОЧТЕНИЙ *145*

Введение 147

Объективное и субъективное в оценке 151

Кластер-модель 168

Интерпретация кластер-модели 176

Предисловие

Эта книга – об относительности человеческого мышления и языка. То есть – об относительности того, о чем мы думаем и что говорим.

В первой главе рассматривается лингвистическая концепция, которая была впервые представлена мной в 2007 году в книге «Релятивистская концепция языка». В ней рассматриваются самые общие проблемы языка, включающие положения о языке индивидуума, национальном языке и нормативном языке, а также проблемы обучения языку.

В последующих главах книги я говорю об относительности процессов в языке и мышлении в контексте и во взаимосвязи с концепцией релятивизма.

Моя концепция релятивизма в языке основана на довольно простых идеях, и я вполне допускаю, что кто-то размышлял о них еще до меня. Впервые я задумался об этом в середине 70-х годов, когда, как мне кажется, подобные идеи висели в воздухе. Я не предполагал тогда, что когда-нибудь буду снова о них размышлять. Тем не менее я все-таки вернулся к ним в 2007 году. Теперь же, как я надеюсь, в этой книге мне удалось сделать следующие шаги в том же направлении, получить новые интересные выводы на основе моих первоначальных идей и довести все это до некоторого логического завершения – уже в более широком контексте.

Как и в моей первой работе, я буду высказывать свои суждения только о том, в чем я хотя бы в какой-то мере разобрался, и время от времени буду делать некоторые утверждения, которые не будут ни заведомо ложными, ни совершенно бессмысленными. Я не могу сказать, что считаю такой подход пионерским. Однако при обсуждении проблем, не относящихся к точным наукам, ему, к сожалению, следуют далеко не всегда.

Я не даю в моей книге обзора работ в соприкасающихся областях. Я буду только упоминать те работы, которые заслуживают внимания по отношению к темам, которые я здесь рассматриваю.

Еще одно замечание. Несмотря на то что я привожу много математико-статистических аналогий, книга моя не является математическим трудом. Читатель не должен искать в ней доказательств моих утверждений. Однако взамен доказательств я привожу некоторые доводы, которые, как я надеюсь, будут выглядеть достаточно убедительными.

Каждой из глав книги я предпосылаю эпиграфы, основанные на случайно подслушанных разговорах на пляжах маленького городка Делрэй Бич во Флориде (*Palm Beach County*), где я работал и над моей книгой «Релятивистская концепция языка», и над этой книгой. Я надеюсь, что все эти эпиграфы помогут тем, кто не согласен (или не вполне согласен) с моими идеями и принимает все близко к сердцу, хотя бы в какой-то мере ослабить внутреннее напряжение.

ГЛАВА ПЕРВАЯ

РЕЛЯТИВИСТСКАЯ КОНЦЕПЦИЯ ЯЗЫКА

– How's the water? Is it warm?
– It's windy, sweetheart.

Из разговора на пляже

Введение

Прежде чем я начну делать какие-то выводы о языке, мне хотелось бы уточнить, о чем будет идти речь. До какой степени это можно уточнить? Можно ли дать формальное определение понятия «язык», подобно тем определениям, которые даются, скажем, в математике? Конечно, такое определение дать можно, но для этого надо и поступить так же, как это делают в математике. То есть такое определение нужно давать не на обычном языке, с помощью которого мы общаемся друг с другом в повседневной жизни, а на специально для этой цели сконструированном искусственном языке.

Самые первичные определения в математике базируются на понятиях неопределяемых, которые удовлетворяют системе некоторых постулатов, или аксиом. Подобным образом можно построить и систему лингвистических определений. (Такие попытки действительно предпринимаются.) И тогда такое аксиоматическое построение, возможно, будет иметь смысл в каких-то технических приложениях.

Тем не менее люди, далекие от математики вообще и от проблем аксиоматического построения в частности, все-таки пытаются дать формальные определения языка и прочих окружающих его понятий в терминах обычного языка, с помощью которого люди общаются друг с другом. Ну и конечно же это ни к чему хорошему не приводит. Все попытки такого рода бессмысленны. Все такие определения не являются определениями как таковыми, поскольку они «определяют» одни понятия через другие, тоже неопределенные. Например, во многих «определениях» языка в той или иной форме говорится о том, что язык – это знаковая система. Тогда возникает вопрос: что же такое знаковая система? При попытке определить понятие знаковой системы будут использоваться другие понятия, также неопределенные. Очевидно, этот процесс не имеет конечного разрешения.

Стоит ли пытаться давать неформальные определения? Есть ли вообще какая-то польза от них? Думаю, что есть. Но только если мы согласимся считать их частью нашего обычного языка. То есть согласимся рассматривать их как неформальные пояснения к определяемым понятиям. При этом мы, конечно, никогда не будем уверены, что определение будет понято. Но во всяком случае мы будем оставаться на понятийном уровне, присущем нашему языку, и не будем вносить в него никакой дополнительной бессмыслицы.

Я не собираюсь здесь вмешиваться в спор лингвистов о понятии языка. Спорить по поводу определений (пусть даже неформальных) нет никакого резона. В том смысле, что нельзя сказать, какое определение (пояснение) является правильным, а какое – нет. Единственное разумное, на мой взгляд, требование к определениям состоит в том, что они должны позволять делать содержательные выводы.

А теперь о том, что же я собираюсь обсуждать в первой главе. Будет ли в ней идти речь только о языке человека?

Да, я буду высказывать свои суждения только о языке человека. В основном потому, что содержательные выводы из концепции релятивизма мне интересно делать именно для человеческого языка.

Буду ли я рассматривать индивидуальные языки конкретных людей или различные естественные языки, например, китайский, английский, русский, испанский (которые я буду условно называть национальными языками), как языки, принадлежащие большим или малым группам людей?

Я буду обсуждать и то и другое и уделю особое внимание различию между этими двумя аспектами языка.

Буду ли я как-то разделять устную и письменную формы языка?

Я буду рассматривать язык человека как совокупность устной и письменной форм. Более того, мои основные выводы будут относиться к совокупности всех форм языка как средства коммуникации.

Какие функции языка я буду затрагивать?

Думаю, что мое изложение будет охватывать все смысловые функции языка, которые так или иначе связаны с передачей информации. Этому будут посвящены все разделы первой главы книги.

В целом, я буду высказывать свои суждения о языке в довольно широком значении этого слова и буду рассматривать самые общие вопросы.

Язык индивидуума

Я буду рассматривать язык индивидуума как одну из составляющих его сознания, то есть как представление этого индивидуума о средствах, с помощью которых он общается с другими людьми.

Не думаю, что тем самым я внесу какой-то особый новый смысл в понятие языка индивидуума. Действительно, в каком еще плане можно говорить об этом? Мы знаем, что описаний языков отдельных людей практически не существует. В исключительных случаях такие описания (например, языка Пушкина или языка Шекспира) явно неполны. Они неполны хотя бы потому, что создаются только на базе письменных образцов, которые, очевидно, составляют лишь небольшую часть языка. К тому же все это искажается представлениями и оценками других людей.

Поэтому я думаю, что каждый, кто обращается к вопросам языка и рассматривает язык конкретного человека, должен явно или неявно предполагать, что язык любого индивидуума – это во всяком случае внутренняя характеристика этого индивидуума. А то, что человек произносит, пишет, а также та информация, которую он передает каким-то иным образом, – все это является только проявлениями (или образцами) его языка.

После сделанного мной предварительного замечания я хочу задать вопрос: дается ли язык человеку от рождения или приобретается в течение его жизни? Я предполагаю, что ответ на этот вопрос поведет нас в полезном направлении.

Ответим сначала на первую половину вопроса. Можно ли сказать, что человек получает от рождения что-то, принадлежащее его языку?

Некоторые считают, что Бертран Рассел первым отметил, что язык может включать не только приобретенные элементы. Кто-то даже восхищался его проницательностью по этому поводу. Но мне кажется, что, во-первых, Бертран Рассел говорил не о факте (который, как я верю, считал очевидным). Он говорил о том, что именно имеет смысл включать в определение языка. А во-вторых, не надо быть особенно проницательным, чтобы высказать такую простую мысль. Достаточно вспомнить, что новорожденный ребенок, плача, сообщает тем самым о своих нуждах, подает сигнал бедствия. Этому его никто не учил. Значит, какими-то элементами языка человек владеет уже от рождения.

Откуда ребенок знает, что надо плакать? Что еще в нас заложено от рождения? Во всей полноте это понять трудно или даже невозможно. Но если уж нечто заложено в человеке, то это никак не должно быть связано ни с каким национальным языком. Потому что до того, как человек родился, еще никто не знает, в среде какого национального языка он будет говорить.

Я бы здесь уточнил, что имеется в виду под словосочетанием «человек говорит» применительно к его индивидуальному языку. В узком смысле это означает только то, что произносит человек. В широком смысле (который я и буду главным образом использовать) это включает все характеристики языковой части его сознания.

Пока мы ответили на первую половину моего вопроса: даются ли какие-то элементы языка человеку от рождения? Попробуем теперь ответить на вторую его половину: приобретаются ли какие-то новые элементы языка в течение жизни человека?

Мы знаем, что новорожденный младенец языком почти не владеет, маленький ребенок говорит плохо, в то время как взрослый человек говорит несравненно лучше. То есть мы видим, что индивидуум приобретает свой язык в течение всей своей жизни в результате некоторого процесса обучения в дополнение к элементам языка, полученным от рождения. Естественно, что окружающая среда играет решающую роль в процессе обучения. Различия в окружающей среде приводят к различиям в языке. Это происходит потому, что человек в своем сознании соотносит слова (совокупности слов) с их значениями в контексте реальной ситуации. А эти жизненные реалии различны у каждого индивидуума.

Далее, даже небольшое различие в его понимании значения одного только слова приводит к различию в понимании значений других слов, комбинаций слов. Так случается потому, что мы осознаём значения слов не только в контексте реальной ситуации, но и в контексте других слов и выражений. Все это вместе является причиной различия в языках индивидуумов.

Эти различия часто становятся настолько большими, что могут быть легко обнаружены по внешним проявлениям (образцам) языка, например по письму или речи индивидуумов.

Но иногда различие в языках индивидуумов трудно

распознать. Однако же оно всегда существует, потому что нельзя найти двух людей на Земле с абсолютно одинаковыми жизненными обстоятельствами. Даже два брата-близнеца, учившиеся когда-то в одном и том же классе десять лет, а потом – в одной и той же группе Первого медицинского института в Москве, могут говорить на совершенно непохожих языках, потому что один из них оперирует в московском госпитале, а другой пишет компьютерные программы в финансовой компании штата Нью-Джерси.

На этом этапе изложения концепции мне хотелось бы сделать такое замечание. Практически каждый человек в течение своей жизни осознает, что существует много различных естественных (национальных) языков и что его язык состоит как бы из компонентов, отвечающих каким-то из этих языков. Например, он знает (или думает), что вот такая-то его компонента связана с русским языком, а вот эта – с французским. Он может, скорее всего, не понимать (или не сможет отчетливо объяснить), что это значит, что он говорит на французском языке. Тем не менее он знает, на каком языке он говорит. Каждая из компонентов языка индивидуума может рассматриваться как отдельный язык. На нее распространяются все те выводы, которые мы сделали о языке индивидуума.

Таким образом, мы можем говорить о языке индивидуума в узком смысле и в широком смысле. В широком смысле язык индивидуума включает все его составляющие (все его национальные языки). В узком смысле язык индивидуума является одной из составляющих (одним из национальных языков этого индивидуума).

Различия между языками индивидуумов в широком смысле могут происходить, в частности, по причине различия их составляющих. Но даже если каждый из двух индивидуумов считает, что он говорит только, скажем, на французском языке, все равно оба они будут говорить на разных индивидуальных языках (в узком смысле) в силу выдвинутых мной доводов.

По той или иной причине любые два человека на Земле говорят на разных языках. Каждый из этих языков является единственным (уникальным) языком конкретного индивидуума. Более того, язык даже одного и того же человека меняется в течение всей его жизни. Таким образом, язык индивидуума зависит от времени.

Я бы еще раз уточнил, что имею в виду под словосочетанием «человек говорит на своем языке». В широком смысле это включает не только то, что он произносит, но все характеристики языковой части его сознания: и его представления о собственных средствах общения, и то, что он произносит, и то, что он пишет, а также вообще всю языковую информацию, которая исходит от него; это также включает его понимание языка тех, с кем он говорит (или получает о них информацию каким-либо иным образом), а также – понимание представлений говорящих с ним о его языке. А если вы являетесь продвинутым индивидуумом, то для вас это включает еще ваше понимание представлений говорящих с вами о вашем понимании их языка. И в отдельных случаях – ваше понимание представлений говорящих с вами о вашем понимании их представления о вашем языке. Все это вместе в совокупности с временны́м фактором и составляет язык индивидуума.

Можно представлять себе язык конкретного индивидуума как точку в многомерном пространстве. Или проще - как вектор с координатами. Каждому индивидууму отвечает одна точка. При этом каждой координате этой точки будет соответствовать какая-то характеристика языка индивидуума. Такими характеристиками могут быть значения различных слов и частотность их употребления этим индивидуумом. К этому можно добавить характеристики его письма, произношения и характеристики других элементов его языка, а также его представлений о языках других людей. Точка, отвечающая языку индивидуума, будет содержать весь конгломерат данных о его языке в данный момент времени. И такая точка-конгломерат и будет, в сущности, представлять собой язык индивидуума.

Здесь я предполагаю, что такое сопоставительное рассмотрение языков всех индивидуумов возможно, хотя я и не знаю, как и кем оно может быть осуществимо. Возможно также, что при таком рассмотрении характеристики, наиболее полно представляющие язык человека, отличаются от приведенных мной и таковы, что нам их даже трудно себе представить.

В трактовке языка индивидуума как языка уникального заключается одна из идей релятивистской концепции языка. Однако только этим релятивистская концепция не исчерпывается. В следующих разделах первой главы книги я буду обсуждать также и другие стороны концепции.

Итак, основные выводы первого раздела таковы. Язык любого индивидуума, являющийся одной из составляющих его сознания, в любой момент времени уникален: любые два индивидуума говорят на разных языках; язык индивидуума меняется со временем, так что любой индивидуум в разное время говорит на разных языках.

Национальный язык

Рассмотрим сейчас индивидуумов, которые считают, что они говорят, скажем, на немецком языке. Что это значит – что они все говорят на немецком языке? Ясно, что при этом не имеется в виду, что каждый из них говорит на одном и том же (немецком) языке, понимаемом как язык индивидуума. Действительно, в соответствии с выводами предыдущего раздела любые два индивидуума говорят на разных языках. То есть никакие два индивидуума не могут говорить на одном и том же реальном языке. Тем более не могут все члены какой-то группы говорить на одном и том же реальном языке.

На самом деле никто и никогда не имеет в виду буквально, что все члены группы говорят на каком-то едином реальном (скажем, немецком) языке. Каждый из них говорит на своем немецком языке. Когда же мы ссылаемся на немецкий язык без указания его принадлежности к конкретному индивидууму, то имеем в виду что-то условное. Мы имеем в виду абстракцию, на которой не говорит никто. Эту абстракцию (пока не вполне определенного для нас вида) я буду называть национальным языком в широком смысле – в отличие от национального языка в узком смысле, то есть национального языка индивидуума.

Любой национальный язык в широком смысле – это абстракция, на которой не говорит никто. Это нечто, не существующее в реальной жизни как индивидуальный язык, на котором говорит хотя бы один человек. Более того, национальный язык – это такая абстракция, на которой не говорит ни один человек в мире.

Как же и кем создается эта абстракция?

Начну с того, как ее можно себе представить условно и упрощенно, и как ее, возможно, кто-то еще (кроме меня) себе представляет.

Можно было бы поступить так же, как это делают при обработке больших статистических массивов с помощью процедуры, называемой кластер-анализом. Речь идет о группировке больших массивов данных в так называемые кластеры (или, по-простому, группы). Процедура состоит из трех стадий. Применительно к языку эти стадии были бы следующими.

На первой стадии каждый национальный язык любого индивидуума заменяется математическим построением – точкой-конгломератом в многомерном пространстве, о чем шла речь в предыдущем разделе.

На втором этапе в рассматриваемом многомерном пространстве выбирается мера близости между любыми двумя точками.

На последнем, третьем, этапе индивидуальные языки объединяются в группы (сгустки, скопления) на основании выбранной меры близости. Эти группы и называют кластерами.

Если бы мы имели многомерное видение, то увидели бы эти кластеры в виде эллипсоидообразных или бананообразных областей. Человек имеет, однако, трехмерное видение. Поэтому он не может наглядно представить себе, скажем, стомерную картинку. С этим, однако, можно справиться. И здесь на помощь приходят разные статистические процедуры (называемые кластер-анализом), заменяющие реальное человеческое трехмерное видение многомерным.

При использовании таких процедур мы смогли бы и обозначить наши кластеры, и различить внутри этих кластеров подобласти. В зависимости от того, на каком уровне мы хотели бы остановиться, можно было бы рассматривать какой-то кластер как группу общих языков, либо другой кластер – как один из национальных языков, либо третий кластер – как диалект.

Например, мы могли бы сказать, что язык некоторого индивидуума принадлежит вот этому огромному кластеру под названием «немецкий язык». Именно в этом смысле мы считали бы, что наш индивидуум говорит на немецком языке (в широком смысле). Или (другой пример) могли бы сказать, что язык другого индивидуума принадлежит иному кластеру под названием «английский язык». Опять же, именно в этом смысле мы считали бы, что второй индивидуум говорит на английском языке (в широком смысле). Более того, мы могли бы сказать, например, что его язык принадлежит такой-то части (подобласти) кластера «английский язык», называемой «американский английский». Или, продолжая пример, что язык того же индивидуума принадлежит вот этому отростку, называемому «американский английский Бруклина». И так далее.

Мой очень хороший приятель, когда дочитал до этого места, сказал мне, что вовсе не обязательно рассматривать такую сложную процедуру, как кластер-анализ, от которой просто голова начинает кружиться. Он добавил, что достаточно в виде кластеров представлять себе людей, разбитых на географические группы в соответствии с тем, где они проживают. И я сказал моему приятелю, что это очень хорошая идея. Конечно же он может представлять себе эти географические кластеры. По крайней мере – в качестве самого первого приближения или чисто условно, для простоты. Но, строго говоря, такое представление не будет правильным.

Во-первых, я не объединяю людей в группы, а пытаюсь сгруппировать их языки. А индивидуум может говорить на нескольких языках.

Во-вторых, не все языки людей, живущих в каком-то определенном географическом районе, войдут в один кластер (преобладающего национального языка). Такими «не вошедшими» могут оказаться языки вновь поселившихся в данной местности. И, наоборот, в этот кластер могут попасть языки людей, не живущих в данной местности (например, недавно покинувших этот географический район).

Замечу здесь, что, скажем, английские индивидуальные языки всех людей, считающих одним из своих языков английский, не обязательно попадут в один кластер. Чтобы понять – почему, вспомним анекдот о нелегальных азиатских иммигрантах, работниках небольшого ресторана в Бруклине, которые никогда не покидали подвал ресторана и все поголовно говорили на идише, думая, что это английский.

Многие имеют в виду (хотя часто и не вполне осознанно) именно совокупность близких языков, когда считают, что некоторая группа людей говорит на каком-то конкретном национальном языке.

Теперь о том, кто мог бы осуществить такую

процедуру разделения на кластеры, или группы. Очевидно, что это мог бы сделать тот, кто обладает полной информацией о языках всех индивидуумов. Не знаю, как для вас, но для меня это звучит абстрактно.

Таким образом, национальный язык – это абстракция и по существу (как нереальный язык), и чисто с технических позиций (как абстрактная группа, которую практически невозможно точно определить).

Когда я недавно поведал одной своей знакомой, что понятие «русский язык» – это абстракция, она тут же на меня обиделась. «По-твоему, – сказала мне она, – Пушкин говорил на абстракции?» И тут же добавила, что Пушкин создал язык, на котором все мы, русские, говорим. Еще она сказала, что принимала меня за человека, понимающего, что такое язык Пушкина. И что от меня она такого никак не ожидала. И мне даже пришлось извиниться перед ней.

Хотя, конечно, я понимаю, что такое язык Пушкина. Это либо абстракция, понимаемая как некоторая совокупность близких языков индивидуумов, либо русский язык конкретного индивидуума – Александра Сергеевича Пушкина. Если моя знакомая отрицает существование языка Пушкина как абстракции, значит, она говорит о языке Пушкина как о языке индивидуума. Пушкин говорил на своем русском языке, который он сам и создал. Точно так же, как и каждый из нас говорит на своем собственном языке, который он сам создал. И моя знакомая тоже говорит на языке, который она сама создала. А если она думает, что говорит на языке Пушкина, то у нее просто мания величия. Чего я, конечно, ей не сказал, потому что считаю себя человеком воспитанным. Никто на языке Пушкина (как языке индивидуума) не говорит. Может быть, кто-то старается говорить на языке Пушкина. Возможно, и моя знакомая старается говорить на языке Пушкина. Но говорит она все-таки на своем собственном языке.

В предыдущем разделе речь шла о концепции релятивизма применительно к языкам индивидуумов. Мы пришли к выводу, что все языки индивидуумов различны. Каждый из них говорит на своем языке. Более того, язык каждого индивидуума меняется со временем.

Что же можно сказать о свойствах национального языка (в широком смысле)? Как воспринимают его индивидуумы? Зависит ли он от времени?

Те индивидуумы, которые осознают национальный язык как совокупность близких языков, имеют различные представления о мерах близости языков. У них также разные представления о составе группы – языках индивидуумов, образующих данную группу. Таким образом, национальный язык воспринимается различным образом разными индивидуумами. Ну а поскольку языки этих индивидуумов меняются со временем, то и национальный язык в широком смысле меняется в их представлении со временем.

Итак, основная мысль второго раздела заключается в том, что понятие национального языка, не привязанное ни к какому индивидууму, – это абстракция, понимаемая как совокупность всех близких языков индивидуумов. Национальный язык воспринимается различным образом разными индивидуумами и меняется в их представлении со временем.

Обучение языку

Как же мы понимаем друг друга, если каждый из нас говорит на своем собственном языке?

А кто сказал, что мы действительно понимаем друг друга? Мы никогда не можем быть уверены, что понимаем друг друга на все сто процентов. Два человека, говорящие на разных языках, никогда и ни при каких обстоятельствах не могут полностью понимать друг друга. Это следует из всего того, что я сказал в предыдущих разделах.

Что это означает практически? Действительно ли мы в реальной жизни сталкиваемся с тем, что не понимаем друг друга? Если это так, то до какой степени?

Тут могут возникнуть разные варианты.

Вариант первый. Такое взаимонепонимание реально существует в нашей жизни и очень существенно. И мы все время в этом убеждаемся.

Вариант второй. Мы понимаем друг друга не на сто процентов, а, скажем, на 99,9 процента. Так что можно считать, что мы не понимаем друг друга лишь с чисто формальной точки зрения. А на самом деле практически понимаем друг друга хорошо. По этой причине почти никто и почти никогда не замечает, что мы в чем-то когда-то можем не понять друг друга.

Могут быть и другие, промежуточные, варианты.

Конечно, различия между диалектами и, тем более, между национальными языками создают очень серьезные проблемы понимания. Настолько серьезные, что два индивидуума, говорящие на разных национальных языках, могут вовсе не понимать друг друга. В то же время языковые различия людей, говорящих на одном и том же национальном языке, чаще всего позволяют им в какой-то мере понимать друг друга. Но даже и здесь часто возникают серьезные проблемы.

Можно ли привести какие-то убедительные примеры, которые показали бы, насколько реально взаимонепонимание людей, говорящих на одном и том же национальном языке? Конечно, такие примеры можно привести. И я дам их во второй главе книги. А сейчас скажу лишь, что взаимонепонимание может быть разным. Оно может быть незначительным. Но оно может быть и очень существенным. Однако же, если сам факт взаимонепонимания осознается, индивидуумы могут уменьшать степень этого взаимонепонимания в процессе дальнейшего общения.

Казалось ли вам когда-нибудь удивительным, что люди разговаривают друг с другом на языках, состоящих из такого небольшого набора различных по написанию слов? В русской части словаря *Microsoft Proofing Tools*, например, немногим более полумиллиона слов (по крайней мере, так было несколько лет назад, когда я делал эти подсчеты). Хотя мы, конечно же, должны догадываться, что количество значений этих слов гораздо больше. Это, по всей видимости, дает нам ключ – или, лучше сказать, маленький ключик к пониманию того, как люди общаются.

Подсчет различных значений слов – не такая уж легкая процедура. (На самом деле вместо слов в языках могут выступать и другие образования, например комбинации слов. Но я буду продолжать вести речь о словах исключительно ради упрощения изложения.) Можно ли подсчитать количество различных значений слов, скажем, немецкого языка?

Сначала надо понять, что означает вопрос о различных значениях слов немецкого языка. Немецкий язык в широком смысле представляется совокупностью всех близких немецких языков индивидуумов. Поэтому сначала надо разобраться с языком любого конкретного индивидуума. Лучше даже начать с какого-нибудь одного слова немецкого языка. Если мы сможем справиться с задачей подсчета количества различных значений этого слова для выбранного нами индивидуума, то мы сможем просуммировать все эти значения. Потому что суммировать надо будет по конечному набору различных по написанию слов и по конечному набору всех индивидуумов, говорящих на немецком языке. Если же мы не справимся с подсчетом различных значений одного только слова единственного индивидуума, то на этом месте можно будет и остановиться.

Итак, начнем с ответа на вопрос: можно ли подсчитать количество различных значений одного слова какого-то одного индивидуума, говорящего, скажем, на немецком языке?

Отрицательный ответ довольно очевиден. Чтобы в этом убедиться, будем использовать тот же подход, что и в первом разделе, когда мы говорили о языке индивидуума. Сравним, как себе представляет значение этого слова ребенок и он же – через, скажем, пятьдесят лет. Очевидно, что представления ребенка и взрослого человека будут сильно отличаться друг от друга. Представление ребенка перерастает в представление взрослого человека непрерывно на протяжении всей его жизни. Все понятия, очевидно, связаны между собой либо непосредственно, либо посредством какой-то цепочки связей. Поэтому наблюдаемое нами изменение будет происходить каждый раз, когда человек получает новую информацию о чем угодно. То есть, условно говоря, каждую долю секунды. Ну и, по крайней мере, практически перечислить или пересчитать все значения будет невозможно.

Более того, в каждый момент времени человек оперирует всем накопленным за его жизнь множеством значений любого слова и в зависимости от конкретной ситуации вкладывает в слова тот или иной смысл. Таким образом, у каждого человека в данный момент времени существует поле значений для любого слова. Многозначность слов позволяет человеку выражать себя более полно при помощи небольшого количества слов, но вызывает большие проблемы взаимопонимания.

Здесь мне хотелось бы вспомнить о вероятностной модели языка, предложенной Василием Васильевичем Налимовым – математиком, статистиком, лингвистом и философом, которого многие признают одним из выдающихся мыслителей России XX века.

По Налимову, множество значений слова языка континуально. Частоты использования тех или иных значений слова задаются некоторой вероятностной функцией распределения (или плотностью распределения).

Многие, когда речь заходит о вероятностях, наверное, представляют себе плотность распределения Гаусса, или гауссиану – элегантную кривую, которая изображается на немецких денежных знаках. Гауссиана имеет один горб. Она, как говорят математики, унимодальна.

Налимовская плотность распределения, надо думать, имеет, вообще говоря, несколько горбов. Эти горбы соответствуют наиболее популярным значениям слова.

Почему я сделал эту оговорку: «надо думать»? Потому что я всегда воспринимал вероятностные представления Налимова о языке как удобный пояснительный механизм и не воспринимал их буквально. Например, существенно ли рассуждение Налимова о том, что плотность распределения задана на континууме (то есть на множестве всех действительных чисел, или десятичных дробей)? Математики могут нам объяснить, почему множество десятичных дробей больше (или, как они говорят, имеет бо́льшую мощность), чем множество рациональных дробей (представляемых в виде отношений целого числителя к целому знаменателю). Хотел ли Налимов подчеркнуть, что множество значений слова мощнее множества рациональных чисел? Имел ли он в виду, что оно не должно иметь мощность большую, чем континуум? Трудно сказать. По крайней мере, я не нашел в его текстах прямых тому подтверждений. Одна из возможных причин, почему Налимов считал множество значений континуальным, состоит в том, что он мог также связывать все со временем.

Кстати, здесь уместно было бы напомнить о взаимоотношении жестов, мимики и интонации со значениями сказанных слов. В одном из эпизодов Сайнфелда говорится о том, как распознать правдивость ответа, когда вы интересуетесь чьими-то взаимоотношениями. Если отвечающий дотрагивается до лица рукой, то независимо от того, что он говорит, можно заключить, что взаимоотношения плохие. Чем выше он дотронулся, тем хуже взаимоотношения. Конечно, это шутка. Но она заставляет нас еще раз вспомнить о связи значений слов с тем, как эти слова произносятся.

Во время одного из моих выступлений в этом самом месте один из слушателей, который воспринимал все довольно придирчиво, заметил, что я стал говорить о вещах тривиальных. Все, мол, знают, что жесты, мимика и интонация могут изменить значение сказанного кардинальным образом. Я не стал возражать моему оппоненту. Потому что, в сущности, он был, конечно, прав. Я только заметил, что в рамках концепции релятивизма я бы сформулировал то, что он сказал, несколько иначе. С помощью мимики, жестов и интонации человек пытается передать другим (скорее всего, неосознанно) свою трактовку (применительно к данному случаю) сказанных им слов. Это – первое, что я хотел бы заметить по данному поводу. Во-вторых, мимика, жесты и интонация – составляющие языка. И, следовательно, к ним относится все, что мы говорили о языке вообще. В частности, мимика, жесты и интонация не однозначны. Например, похожие жесты по-разному трактуются разными индивидуумами. А в-третьих, я, на самом-то деле, хотел только подчеркнуть, что когда мы говорим о жестах, мимике и интонации, то опять может возникнуть мысль о континууме.

Но это все – с одной стороны. С другой стороны, множество значений слов генерируется в нашем мозгу. Может ли мозг генерировать бесконечное число – это еще вопрос. То есть он (мозг) может пытаться отобразить на себя бесконечное и даже континуальное или еще более мощное множество. Однако он должен все эти отображения сохранить внутри себя. А вот тут-то мне уже начинает казаться, что такая, с виду конечная, штука, как мозг, может сохранить только конечное множество. Поэтому, когда меня спрашивают о множестве значений слов индивидуума, я говорю, что это множество необозримо. Понимая при этом вот что. Конечно ли оно или бесконечно – это не особенно важно. Важно то, что значений слов так много, что они не поддаются простому анализу.

Может возникнуть вопрос: а толковый словарь разве не включает в себя все значения всех существующих слов? Ответ очень прост. Толковый словарь содержит обозримое число слов. Значит, он все значения не включает.

Теперь я опять хочу вернуться к налимовской модели языка. Процесс обучения Налимов видел в байесовском механизме формулы условной вероятности. Он считал ее как бы фильтром, пропускающим только те значения, которые укладываются в рамки заданного условия. Эти налимовские положения о байесовском механизме, как я их понимаю, тоже не надо было бы принимать буквально. Поэтому поначалу доклады Налимова вызвали противодействие математиков, работавших бок о бок с ним в лабораторном корпусе А Московского государственного университета в Межфакультетской лаборатории статистических методов, возглавляемой академиком А.Н.Колмогоровым. Математики любят точность в высказываниях. Им не понравилось, например, что вероятностный интеграл у Василия Васильевича не был равен единице. Упрек был не по существу, и Налимов легко доказал это. К мультипликативной составляющей он добавил нормирующий множитель. Интеграл стал равен единице.

Вероятностная модель Налимова с точки зрения релятивистской концепции языка не вызывает принципиальных возражений. Хотя должен заметить, что на все налимовские высказывания я смотрю сквозь призму релятивистской концепции. Возможно, я приписываю положениям вероятностной модели языка не совсем тот смысл, который имел в виду ее автор.

Налимов вроде бы нигде явно не уточнял, о каком языке он говорил, когда рассматривал какой-то конкретный язык – скажем, английский. Не очень ясно, имел ли он в виду английский язык в узком смысле как язык конкретного индивидуума или английский язык в широком смысле как язык абстракции – национальный английский язык.

Мы можем сделать такое уточнение сейчас. Будем считать, что налимовская плотность распределения, задающая частоты использования значений слова, относится к языку в узком смысле, то есть к языку индивидуума. Тогда для определения плотности распределения слова языка в широком смысле (как абстрактного национального языка) необходимо агрегировать данные по конечному множеству индивидуумов. И если мы имеем какое-то представление о частотах использования тех или иных значений слова для каждого из индивидуумов, то будем иметь представление о таких частотах и для языка в широком значении.

Так что можно считать, что все высказывания Налимова в такой же мере справедливы для языка в узком смысле, как и для языка в широком смысле.

А мы в дальнейшем будем понимать под значениями слова национального языка результат агрегирования (по конечному множеству) значений всех языков индивидуумов, говорящих на этом языке.

Как человек учится говорить и понимать других в ситуации, когда, вообще говоря, любое слово воспринимается различно разными индивидуумами? Каков механизм этого обучения? Многие не видят всех аспектов различия между тем, как ребенок осваивает родной язык, и тем, как изучает иностранный язык студент. А на самом деле любой здравомыслящий человек может объяснить, каким образом идет процесс обучения иностранному языку в школе, но никто не может внятно ответить на вопрос, как учится говорить на родном языке ребенок.

Я хочу привести здесь один пример.

Игра. В кучке 20 спичек. Играют двое. Разрешается брать из кучки по очереди одну или две спички. Тот, кто взял последнюю спичку, выиграл.

Игра довольно простая. Но тому, кто слышит о ней первый раз, надо хотя бы немного подумать, прежде чем он поймет, как в нее играть. Тем не менее можно придумать механизм, который будет успешно учить играть в эту игру спичечные коробки.

Давайте положим на стол 20 спичечных коробков. (Надеюсь, что вы еще не забыли, что это такое.) Мы с вами будем играть против коробков. Поставим на них номера от одного до двадцати. Затем положим в каждый из коробков по две конфетке: одноцветную и двуцветную. Разрешим коробкам начинать первыми. Каждый раз коробки делают ход следующим образом. Если на столе лежит, скажем, 12 спичек, то надо вынуть конфету из коробка № 12 (наугад, если там две конфеты) и положить ее рядом с коробком. Двуцветная конфета будет означать, что нужно взять со стола две спички, а одноцветная – только одну.

А теперь о том, каков будет механизм обучения коробков этой игре. Если коробки проиграли в очередной игре, то надо съесть последнюю из тех конфет, которые были вынуты из коробков с двумя конфетами. А остальные положить обратно. Если коробки выиграли, то все конфеты надо вернуть в коробки и ничего не съедать. Вот и все.

Теперь если мы будем играть матч из достаточно большого числа игр, коробки этот матч всегда выиграют. Они его выиграют даже если будут играть против сильного игрока.

Что же можно заметить на основании приведенного примера? Получается так (по крайней мере, на первый взгляд), что коробки обладают определенным интеллектом. И хотя их интеллект искусственный, они могут успешно сражаться против сильного игрока.

Кто-то может мне возразить, что играют-то, в сущности, не коробки, а заложенная в коробки их создателем программа действий. И я бы частично согласился с таким возражением.

Почему только частично? А потому, что коробки могут превзойти своего создателя в силе игры. Создатель может не иметь никакого понятия, как в эту игру надо играть. Но может догадаться, как научить играть коробки. Мало шансов, что подобное может произойти. Поскольку, как мне кажется, сообразить, как играть в эту игру, легче, чем понять, как научить коробки. Тем не менее такую возможность мы вполне можем допустить.

Мне кажется, что после того, как мы поразмышляем немного по поводу приведенного примера, мы не будем так уж сильно удивляться, каким образом человек может обучаться языку. Хотя, как я уже это отмечал, никто не может точно ответить на вопрос, как человек это делает, каков механизм этого явления.

Иногда мы можем сказать какие-то частности о механизме обучения. И думая, что что-то поняли, начинаем создавать процедуры или системы (что-то вроде спичечных коробков из примера, который я привел), решающие сложные технические проблемы. Так, наверное, возникли кибернетические идеи Норберта Винера и идеи создания систем с «искусственным интеллектом».

На самом деле обучение индивидуума языку не идет само по себе. Вместе с этим идет процесс адаптации национального языка. Этот процесс идет в различных направлениях.

Приведу здесь один пример. Вы задумывались когда-нибудь над тем, почему слова такие длинные? В русском языке, например, среднее по длине слово состоит из десяти букв. А такая длина слов вовсе не обязательна. Действительно, если бы мы ограничились длиной слова в пять букв с чередованием согласных и гласных, то получили бы число сочетаний, большее, чем число различных по написанию русских слов.

Трудно, конечно, перечислить все возможные причины того, что слова – длинные. Но одна из них вполне могла бы состоять в том, что слова постепенно изменялись или заменялись другими, чтобы уменьшить число возможных ошибок при передаче речевой информации. А для этого надо исключить, по возможности, слова, близкие по произношению или по написанию.

Наблюдения над этой особенностью языков (и, может быть, над другими подобными проявлениями в поведении живых существ) привели, надо думать, к развитию области теории кодирования, получившей название «коды, исправляющие ошибки».

Что следует из всего того, что я изложил в этом разделе? Можно ли считать, что мы обладаем интеллектом для того, чтобы обучаться понимать друг друга?

Ну, если уж мы вроде бы согласились приписывать какой-то интеллект спичечным коробкам, то надо, конечно, ответить на последний вопрос положительно. Но лучше все-таки сказать, что кто-то, неизвестный нам, обладающий интеллектом, значительно превосходящим наш, заложил в нас способность обучаться (неведомым для нас способом). Мы можем называть этого неизвестного как угодно, в том числе матерью-природой. Но постигнуть своего создателя пока не удавалось никому.

Могут ли спичечные коробки понять, кто и что заложил в них, для того чтобы они научились играть в такую сложную (для них) игру? Нет, конечно. Они не только не могут этого понять, они даже не знают, что означает слово «понять» на языке их создателя.

Итак, основная мысль этого раздела заключается в том, что, несмотря на то что индивидуумы говорят на разных языках, используя слова с необозримым множеством значений, они обучаются понимать друг друга с помощью процесса, ими не осознаваемого. Однако они никогда не могут достичь полного взаимопонимания.

Нормативный язык

Конечно, многим представляется очевидным, что надо по возможности улучшать взаимопонимание людей, говорящих на одном и том же национальном языке. Мысль об этом, по всей видимости, является основным движителем для тех, кто занимается созданием или усовершенствованием правил, или норм, конкретного национального языка.

Было бы замечательно, если бы эти правила языка могли быть выбраны максимально объективно. Например, было бы хорошо, если они не представляли бы никаких группировок внутри кластера, соответствующего национальному языку. Хотелось бы также, чтобы они соответствовали как бы центру кластера или включали в себя совокупную информацию о кластере. К сожалению, этого не происходит в реальной жизни. Для языковой информации как-то не очень ясно, что такое центр. А совокупную информацию трудно получить, поскольку ее составляющие могут содержать взаимоисключающие моменты.

В реальной жизни происходит нечто сугубо субъективное. Узкая группа людей (не обязательно осознающая себя как единая группа) работает над многосторонним описанием и обобщением языков всех говорящих на некотором национальном языке.

Члены этой группы (будем чисто условно называть их

академиками) создают орфографические, толковые и другие словари, а также различные правила, или нормы. Система этих правил (норм) включает, например, такие аспекты языка, как словообразование, произношение, постановка ударений, употребление слов, объединение слов в словосочетания и предложения, использование устойчивых словосочетаний, написание слов, постановка знаков препинания. Все это в совокупности своей и составляет нормативный национальный язык. Другое название, которое часто используется для нормативного языка, – это литературный язык.

Как я уже отмечал, реальным является только тот язык, на котором говорит хотя бы один конкретный индивидуум. Все остальное является абстракцией. Национальный язык, понимаемый как совокупность всех близких языков индивидуумов, составляет первую ступень абстракции. А нормативный (литературный) язык представляется, таким образом, как вторая ступень абстракции.

Однако на пути создания нормативного языка возникает одна проблема. Она заключается в том, что это так только предполагается, будто наши академики работают над описанием и обобщением языков всех индивидуумов кластера. На самом деле, как легко понять, каждый из академиков принимает во внимание только свой собственный индивидуальный язык.

По этому поводу один читатель моей книги «Релятивистская концепция языка» позвонил мне и сказал, что я не совсем прав. Потому что, мол, академики перед тем, как что-то такое придумать, полжизни потратили на то, чтобы изучить кучу всяких особенностей языков индивидуумов, относящихся ко всем возможным группам. Не может, мол, академик делать выводы только на основании своего собственного языка. На то, мол, он и академик.

Конечно же этот читатель был тысячу раз прав. И я с ним абсолютно и полностью согласен. Я имею в виду, что согласен в том, что академики изучают много всякого, прежде чем делают какие-то выводы. Но в то же время этот читатель был в чем-то и неправ. И я отсылаю его в конец первого раздела, где я пояснял, что язык индивидуума включает также понимание языка других индивидуумов и много другого прочего.

Конечно, академики отличаются от простых смертных тем, что языком других людей интересуются не по воле жизненных обстоятельств, а по долгу службы. Они приобретают сведения о языке других людей примерно таким же образом, как многие учат иностранные языки. Об обширных познаниях академика в области изучения языков каких-то групп людей можно говорить на том же основании, на каком мы говорим о знаниях какого-нибудь способного молодого человека, изучившего в колледже шесть иностранных языков. А ведь даже для того, чтобы знать хотя бы только один немецкий язык примерно так же, как знает его какой-нибудь винодел в маленьком городке на Рейне, нашему студенту нужно было бы прожить жизнь винодела. И нашему академику, чтобы знать русский язык примерно так же, как его знает, скажем, человек, только что вышедший из заключения, где он провел пятнадцать лет, нужно было бы провести те же пятнадцать лет в заключении. Боюсь только, что тогда наш академик, наверное, уже не был бы академиком.

Однажды мне возразили, сказав, что, мол, не такая уж это большая беда, если академики не очень-то в курсе всякого там блатного, тюремного или лагерного жаргона. И я немедленно согласился с этим. Потому что я всегда соглашаюсь, когда мне возражают корректно. Действительно, это не только не беда, но это большое счастье, что какой-то академик не в курсе лагерного жаргона. Я бы даже согласился, что, возможно, пример мой не очень удачен. И был бы готов заменить его другим. Но это только в том случае, если бы я не писал свою книгу на русском языке в начале XXI века и если бы я не приводил так много примеров, относящихся именно к русскому языку. А для русского языка лагерный пример - один из самых удачных. Потому что за последние сто лет лагерная группа среди всех русскоговорящих была одной из самых многочисленных.

Теперь рассмотрим нормативный, или литературный, язык - эту вторую ступень абстракции - подробнее. Что мы можем сказать о свойствах нормативного, или литературного, языка? Зависит ли он от времени? Как воспринимают его индивидуумы?

Литературный язык естественным образом зависит от его создателей. А язык создателей меняется со временем. Поэтому очень трудно поверить в то, что ни один из создателей литературного языка никогда не захочет сделать никаких изменений в нем, несмотря на то что каждый из них, по всей видимости, замечает изменения своего языка. Эти изменения, кстати, создатели литературного языка не обязательно считают (как считаю, например, я) изменениями своего языка. Они могут считать их изменениями языка окружающих их людей или изменениями языка вообще, не вполне понимая, что они под этим имеют в виду.

Далее, литературный язык по-разному понимается различными индивидуумами по разным причинам. Во-первых, каждый индивидуум знакомится со своим набором элементов литературного языка. Я имею в виду различные источники информации (в том числе различные учебные пособия), различные способности, желания и возможности людей при изучении этих источников, трактовку нормативов разными людьми (в том числе учителями) и многое другое. При этом, по моим прикидкам, число возможных комбинаций таких наборов намного превышает число людей, говорящих на данном языке. Даже с учетом того, что некоторые комбинации более вероятны, чем другие, все равно, как я думаю, трудно найти двух индивидуумов, знакомых с одинаковым набором элементов литературного языка.

Второй причиной, по которой литературный язык по-разному понимается различными индивидуумами, является то, что он описан и воспринимается на языках индивидуумов.

Третья причина состоит в том, что нормативы литературного языка могут быть написаны на других национальных языках. Так, кто-то может изучать русский литературный язык по французским пособиям.

Четвертая причина состоит в противоречивости норм литературного языка. Если правила состоят из одного утверждения, то его, наверное, можно сформулировать непротиворечивым образом. По мере усложнения правил становится все менее и менее вероятным, что противоречий удалось избежать.

Итак, основная мысль этого раздела заключается в том,

что искусственно создаваемый нормативный (литературный) язык составляет вторую ступень языковой абстракции; он меняется со временем и воспринимается различным образом разными индивидуумами.

Основные тезисы релятивистской концепции языка

Основные положения релятивистской концепции языка таковы.

- Язык любого индивидуума, являющийся одной из составляющих его сознания, в любой момент времени уникален: любые два индивидуума говорят на разных языках; язык индивидуума меняется со временем, так что любой индивидуум в разное время говорит на разных языках.

- Понятие национального языка, не привязанное ни к какому индивидууму, – это абстракция, понимаемая как совокупность всех близких языков индивидуумов. Национальный язык воспринимается различным образом разными индивидуумами и меняется в их представлении со временем.

- Несмотря на то что индивидуумы говорят на разных языках, используя слова с необозримым множеством значений, они обучаются понимать друг друга с помощью процесса, ими не осознаваемого. Однако они никогда не могут достичь полного взаимопонимания.

- Искусственно создаваемый нормативный (литературный) язык составляет вторую ступень языковой абстракции. Нормативный язык меняется со временем и воспринимается различным образом разными индивидуумами.

ГЛАВА ВТОРАЯ

ЯЗЫК В КОНТЕКСТЕ РЕЛЯТИВИСТСКОЙ КОНЦЕПЦИИ

– What time is it?

– Darling, you've had a good breakfast: granola, oatmeal, fruit, yogurt, and a double espresso!

Из разговора на пляже

Введение

Полезна ли релятивистская концепция языка в каком-либо смысле? Приводит ли она к каким-то интересным выводам?

Ответ на первый вопрос зависит от того, что вам нравится. Многие стали говорить мне, что после знакомства с моей концепцией они стали проявлять больше недоверия к словам других людей. Ну, и тут уже трудно сказать, хорошо ли это или плохо. Одним это пойдет на пользу, а другим – во вред. Я лично считаю, что на свете жить проще, если ты разобрался в чем-то. Так что мне эта концепция кажется полезной.

Что касается второго вопроса, то я тоже дал бы на него положительный ответ. В этой и последующих главах книги я затрону несколько тем, которые либо непосредственно связаны с релятивистской концепцией, либо включают такие моменты, при рассмотрении которых знакомство с этой концепцией оказывается весьма полезным.

Одно предварительное замечание. В первой главе я старался подыскать убедительные доводы для всех своих утверждений. Поэтому, как я надеюсь, они не должны были вызвать серьезных возражений. В дальнейшем же я буду часто обсуждать такие аспекты, для которых логические доводы найти трудно или даже невозможно. В этих случаях я буду лишь высказывать свое мнение о тех или иных гранях рассматриваемых проблем.

О взаимопонимании

Здесь я хочу выполнить обещание, данное мной в первой главе. Я хочу привести несколько ярких примеров отсутствия взаимопонимания между людьми, говорящими на одном и том же национальном языке.

Первый пример связан с юриспруденцией. Почему мы сталкиваемся в суде с такими сложностями? Почему, даже когда сняты все проблемы по фактам, и в этом случае все вопросы оказываются очень спорными? Мне могут сказать, что в этом случае мы сталкиваемся либо с проблемой неполноты законов, либо с их противоречивостью. Тем более что из какой-то умной математической теоремы (здесь я прошу прощения у математиков и их обожателей за тавтологию) следует, что такая система, как свод судебных законов, может быть либо неполной, либо противоречивой. Мне также могут сказать, что часто споры возникают по причинам логического характера. Да, это все так. Однако на простом языке можно сказать, что огромное число споров происходит из-за различного толкования понятий.

Один из примеров – это ставшее широко известным судебное разбирательство о выплате страховой суммы после террористического нападения на Мировой торговый центр (*World Trade Center*) 11 сентября 2001 года.

По условиям страхования эта сумма была ограничена некоторой величиной, относящейся к одному инциденту (*occurrence*). Вопрос заключался в том, сколько было инцидентов. Если был только один инцидент, то это была бы одна сумма. Если инцидентов было два – сумма удваивалась. Владелец зданий утверждал, что было два инцидента. Первый был в 9:46 утра, когда самолет врезался в Южную башню. А второй – через 16 минут, когда другой самолет врезался в Северную башню. Страховые компании утверждали, что оба самолета были частями одного и того же инцидента. Разница в трактовке одного слова приводила к разнице в выплате страховой суммы в несколько миллиардов долларов.

Я, конечно, привожу здесь это судебное разбирательство в сильно упрощенном виде. На самом деле было много других обстоятельств, которые усложняли дело и имели только косвенное отношение к трактовке слова «инцидент».

В какой-то момент определение, данное в страховой форме *WilProp*, было признано основополагающим для этого дела. В этом определении говорилось, что инцидентом (*occurrence*) признается серия похожих случаев, независимо от времени и места происшествия. И тут позиция владельца зданий оказалась сильно подорванной.

Однако нельзя сказать, что это дело вселяет в нас оптимизм относительно разрешения похожих дел в будущем. Можно легко представить, что суд должен будет решать, какие случаи можно считать «похожими». И, наверное, кто-то захочет внести бо́льшую ясность относительно понятия «похожие», определив его. А затем внести ясность в слова, использующиеся в этом определении. И идти по этой дорожке вперед, к созданию противоречивой системы.

Первый мой пример имел отношение к судебным спорам. Можно ли сказать, что похожее происходит также и в бытовых спорах? Мне кажется, что можно. Я думаю, что терминологические расхождения наряду с ошибками по фактам и логической путаницей составляют основу всех споров. Проверка этого утверждения дается читателю в качестве домашнего задания.

А как насчет естественных наук? Может быть, там дела обстоят лучше?

Мой третий пример относится к биологии. Это касается начавшейся в конце 30-х годов в большевицкой России дискуссии по вопросам генетики. В основном дискуссия велась по поводу справедливости законов Менделя.

Я представлю здесь этот пример несколько подробнее предыдущих двух, потому что он был долгое время на острие общественного внимания.

В спор вступили два академика, чьи имена были известны чуть ли не всей стране (возможно, по разным причинам).

Академик Колмогоров обратил внимание на проведенные аспиранткой академика Лысенко опыты. По мнению этой аспирантки, ее опыты опровергали теорию Менделя о расщеплении в отношении три к одному. К этому выводу она пришла, проведя простые вычисления по результатам этих опытов.

Академик Колмогоров произвел свои математико-статистические вычисления на основании тех же самых опытов и пришел к выводу, что никакого противоречия с теорией Менделя нет. Эти результаты он в 1940 году опубликовал в Докладах Академии наук СССР под названием «Об одном новом подтверждении законов Менделя». В своих выводах он написал, что опыты аспирантки академика Лысенко, вопреки ее мнению, блестяще подтверждают теорию Менделя.

Многие дальше заголовка и выводов статьи не идут. Поэтому никто не обратил внимания на то, что это не совсем одно и то же – сказать, что опыты не противоречат теории, или сказать, что они блестяще ее подтверждают. У простого народа уважение к математике – большое. А в советской России оно было просто огромным. Колмогоров сейчас признается многими математиком номер один XX столетия. В 1940 году, может быть, до такого признания дело еще не дошло. Но все равно – если Колмогоров сказал, что он математически доказал справедливость законов Менделя (а как еще можно понять слова о блестящем подтверждении законов Менделя?), значит, он действительно это доказал.

Сторонники академика Лысенко, правда, заподозрили что-то неладное. Они в один голос стали утверждать, что никакая математика не может доказать или опровергнуть биологические законы.

Ну, я должен здесь заметить, что опровергнуть законы математика может очень просто. А вот с подтверждением законов дела в математике обстоят гораздо хуже. И сторонники Лысенко, наверное, печенками своими это почувствовали. И тут бы им прочитать не только заголовок и выводы, а всю статью Андрея Николаевича (академика Колмогорова, то есть). И сказать, что, мол, Андрей Николаевич, у нас с вами терминологическое взаимонепонимание произошло. Вы-то вовсе не показали, что опыты подтверждают теорию Менделя. Вы просто не нашли противоречий между опытами и теорией. И говоря, что опыты подтверждают теорию, вы просто имели в виду, что они не противоречат ей. А это могло случиться, например, по той причине, что опытов было мало. Если бы опытов было намного больше, то вы, может быть, с помощью своих же методов смогли бы и опровергнуть теорию Менделя.

Сторонники академика Лысенко могли бы еще и такое сказать. Представим себе на одну минуту (могли бы они сказать), что по теории Менделя расщепление должно было бы происходить в отношении не 3 к 1, а, скажем, 100 к 33. В этом случае на основании тех же самых опытов с помощью практически тех же самых вычислений академик Колмогоров пришел бы к аналогичному выводу. А именно, что проведенные опыты не противоречат теории расщепления 100 к 33. И, по всей видимости, он должен был бы продолжить, что они блестяще подтверждают эту теорию. И тогда получалось бы, что Андрей Николаевич одновременно доказал, что расщепление происходит и в отношении 3 к 1, и в отношении 100 к 33. Что на самом деле противоречит одно другому.

Но сторонники академика Лысенко не смогли продраться сквозь формулы Андрея Николаевича. Поэтому они ничего такого не сказали. А вместо этого стали бить Колмогорова цитатами классиков большевизма. И по этой причине (или по какой-то другой) победили. Теория Менделя и (заодно) математическая статистика были поруганы. Оправданы в России они были только много лет спустя.

Но когда они были оправданы, никто почему-то не вспомнил, что и Андрей Николаевич тоже был виновен в возникшем взаимонепонимании, утверждая, что опыты блестяще подтверждают теорию Менделя. И до сих пор по поводу этой оплошности никто не решился еще сделать никаких критических замечаний. Более того, сторонники математико-статистических методов настолько осмелели, что стали допускать презрительные высказывания о людях, которые выражали свои сомнения в том, что математико-статистические методы способны доказывать законы биологии и других естественных наук. Однако этот момент уже не относится к теме данного раздела. Поэтому на этом месте я закончу описание всей этой истории, которая представляется мне поразительным примером того, как люди науки могут говорить на разных языках.

О нормах языка

В этом разделе я хочу подробнее обсудить процесс создания норм национального языка. И первый вопрос здесь таков: для чего создается нормативный язык?

Теоретически было бы хорошо договориться об определенных правилах национального языка. Действительно, при этом возникает надежда, что нормативный язык мог бы позволить уменьшить взаимонепонимание индивидуумов. И это вроде бы не идет вразрез с тем, что обсуждалось в предыдущих разделах.

И в реальности мы видим, как параллельно с академиками, многосторонне изучающими национальный язык, обычно работает другая группа, которая делает одно, на первый взгляд, очень полезное дело: регламентирует употребление языка индивидуумами. В том, что дело это полезное, никто не сомневается. То есть предполагается, что никто не сомневается в полезности этого дела. На самом деле кто-то, безусловно, сомневается. Я, например, долго сомневался, полезное ли это дело или бесполезное. А сейчас думаю, что регламентировать национальный язык до малейших тонкостей – дело бессмысленное. С другой стороны, не регламентировать абсолютно ничего – тоже не очень-то хорошо. Вот договорились ставить точку в конце предложения. Разве это плохо? Это, я считаю, замечательно. Еще какие-то там несколько правил или несколько страниц правил – может быть, на этом можно было бы и остановиться?

На самом деле академики и их помощники останавливаются не в зависимости от логики, а от того, сколько у них находится средств на их полезное дело.

В этом месте я хотел бы сосредоточиться на примере российского подхода (отрицательного, как мне кажется) к процессу выработки норм национального языка.

В России в последние сто лет академикам русского языка всегда выделяли много денег (сравнительно с другими областями). Деньги эти шли из кармана налогоплательщиков (если так можно сказать в ситуации полной финансовой неразберихи). Специально для академиков русского языка был создан Институт русского языка. Дело было поставлено с большим размахом по одной простой причине. Необходимые средства выделялись по решению небольшой группы правителей. А российским правителям эта деятельность казалась полезной, поэтому денег на нее не жалели.

Как же в России академики объясняли (и объясняют сейчас) людям цель своей работы над нормами языка? Да никак они этого не объясняют. Просто предполагается (этими академиками), что любые аспекты их деятельности необходимы всем, а тот, кто этого не понимает, – невежда.

Если вы, скажем, написали книгу, то ее язык должен соответствовать тем нормативам, которые они выработали. И с этой целью книга ваша будет пропущена через редакторское и корректорское сито.

Предположим теперь, что вы помните школьные

правила русского языка, но никогда не выходили за рамки школьной программы. Это, кстати, не так уж и плохо. Потому что школьные правила достаточно хорошо покрывают правила русского языка, которые (напоминаю на случай, если вы об этом забыли) были изданы советскими академиками в 1956 году. Правила эти долгие годы являлись единственными официальными правилами русского языка. Хотя, что это значит, что правила были официальными, не очень-то ясно. Но русский народ привык, что если какая-то бумажка напечатана и на ней написано «Правила», то лучше понимающе обратить свой взгляд к небу и стараться не нарушать эти правила умышленно или (по крайней мере) каким-либо вызывающим образом.

Правда, «Правила» эти были долгое время засекречены. Не знаю, входили ли они в печально известный «Перечень» запрещенных сведений, но так или иначе из продажи «Правила» в какой-то момент исчезли. Были они, выражаясь современным языком, политически некорректны. Например, словосочетание «вторая мировая война» писалось в «Правилах» именно так, с маленькой буквы. А это противоречило орфографии главной большевицкой газеты «Правда».

Помню, в средних и старших классах школы я все пытался выяснить у учителей русского языка, что же такое правила русского языка. Но в ответ, кроме «ну, это правила русского языка», ничего никогда получить не смог. А текст правил 1956 года стал доступен мне лишь после моего отъезда из России.

Теперь я возвращаюсь к истории с вашей книгой. Допустим, что перед сдачей книги в издательство вы выверили ее с помощью *Microsoft Proofing Tools*, использовав при этом весь свой багаж школьных знаний. Можно представить, как будет выглядеть корректорская правка? Думаю, что правки будет много. В частности, корректор найдет у вас много ошибок с запятыми. И, что самое удивительное, запятые эти будут корректором расставлены в основном без вашего участия.

А задумывались ли вы над тем, что, в сущности, означает тот факт, что корректор может расставить запятые без вашего участия?

Я помогу вам с ответом. Это значит, что эти запятые функционально не нужны. Иными словами, они не несут функциональной нагрузки. Хотя все они будут поставлены (если, конечно, вам попался хороший корректор) в соответствии… Вы думаете, что я скажу «в соответствии с правилами русского языка»? Нет. С правилами русского языка уже справились вы сами вместе с *Proofing Tools*. Запятые будут поставлены в соответствии с различными грамматическими пособиями, среди которых заслуживающими наибольшего доверия пользуются в России справочники Розенталя.

Я понятия не имею, как удалось Розенталю убедить советских аппаратчиков в необходимости дополнений к правилам русского языка. Но как-то, видно, удалось. Во всяком случае, «Вторая мировая война» Розенталь писал с большой буквы. И, следовательно, правила Розенталя противоречили правилам русского языка.

В течение десятилетий правила русского языка уточнялись и дополнялись. Знали эти дополнения в полном объеме, пожалуй, только некоторые работники печати. Авторы книг правил этих не знали. Если корректор говорил, что надо поставить какую-то запятую, которая из школьных правил явно не следовала, то авторы обычно соглашались. Как правило потому, что просто доверяли корректору. Рядовой читатель тоже никаких правил сверх школьной программы не знал. Да не только рядовой. Читатель, о котором можно было бы сказать, что он грамотный читатель, тоже этих правил не знал.

По поводу этой моей точки зрения я услышал возражение одной знакомой, которая гостила у меня тогда, когда я работал над своей книгой. Она сказала, что я незаслуженно обижаю всех русскоговорящих. И что, мол, это уж всем известно, что русский читатель в массе своей грамотнее любого другого читателя в мире. А происходит это потому, что никто не читал так много, как в советской России. И что, мол, всем известно, что в этом смысле такой страны, как советская Россия, никогда не было и, скорее всего, больше и не будет.

Ну, я вообще люблю критические замечания в мой адрес и, когда я с ними соглашаюсь, испытываю даже чувство удовлетворения. А в этот раз я очень даже был согласен с моей знакомой. Действительно, в России в прошлом веке читали всё подряд и всё свободное время. А свободного времени было много. Читали и дома, и на работе. И по дороге с работы домой, и из дома на работу (благо руки рулем заняты не были). У многих были большие личные библиотеки. Но их хватало только на несколько лет. А потом приходилось читать все по второму разу. А потом - еще и еще. Так что я действительно согласен с моей знакомой, что русский народ читал много. Хотя знакомая моя, так же как и я, имела в виду, наверное, только жителей больших городов. В основном - жителей двух российских столиц. Все остальное российское население книгу редко видело.

Но я на самом-то деле имел в виду совсем другое. Я хотел только подчеркнуть, что многочисленные дополнения к правилам русского языка, на мой взгляд, избыточны. И тот факт, что их никто не знает (даже не полностью, а хотя бы в значительной мере), просто подтверждает мою точку зрения. И я вовсе не считаю, что русский читатель их не знает, потому что он глуп, или ленив, или необразован. Он их не знает потому, что дополнения очень уж обширны и, хотя бы только поэтому, сложны. Другими словами, получается так, что соблюдение правил Розенталя нужно только для работников печати, стоящих на страже этих правил.

Зачем вообще нужна сверхдетальная регламентация в русском языке? Зачем нужно соблюдать правила Розенталя, если их практически никто не знает? Вряд ли кто-то сможет ответить на эти вопросы.

Кстати, я уже упоминал, что при детализации правил увеличиваются шансы внутренних противоречий. Интересно было бы понять вот что. Являются ли правила русского языка со всеми действующими уточнениями и дополнениями непротиворечивыми?

Я могу ответить на свой вопрос отрицательно не в каком-то теоретическом смысле, а имея в виду практику использования правил. Вы можете убедиться в справедливости моего вывода самостоятельно. Только для этого вы должны не пожалеть своих денег и отдать уже откорректированную рукопись на вторичное корректирование. Даже если оба корректора будут квалифицированными мастерами своего дела, вы все равно получите довольно много исправлений в первоначально откорректированном варианте. Я имел возможность убеждаться в этом много раз. А это и означает, что практически внутренней непротиворечивости в правилах русского языка нет.

До выхода в свет новых правил русского языка 2009 года часто можно было слышать (особенно из недр Института русского языка), что назрела необходимость пересмотра правил русского языка. Однако доводы в пользу пересмотра не выглядели (скажем, для меня) убедительными. Хотя по-человечески я мог понять людей из института Академии наук. Конечно, они хотели, чтобы их деятельность имела какое-то практическое применение. Конечно, они хотели, чтобы на реформу правил русского языка были выделены большие средства, потому что это дало бы им новую работу.

У меня, кстати, есть хорошее предложение для сторонников реформ правил русского языка. Я предлагаю ставить запятые после каждого слова, за исключением тех случаев, когда возникает языковая пауза, и тех случаев, где должен стоять другой знак препинания. Если бы реформаторы правил русского языка со мной согласились, то были бы сразу убиты четыре зайца.

Во-первых, запятая ставилась бы в пику американцам и вообще всем говорящим на английском языке. (А в английском языке, напоминаю, основное правило постановки запятых – обратное: запятая ставится там, где возникает пауза.)

Во-вторых, запятая в русском языке стала бы работать таким же образом, как и в английском. Потому что и в том, и в другом случае мы точно знали бы, где есть языковая пауза. И, таким образом, функциональное значение запятой было бы весьма приличным.

В-третьих, количество пунктуационных правил уменьшилось бы примерно в сто раз.

И, в-четвертых, была бы удовлетворена любовь всех последователей русского языковеда Розенталя к запятой.

После всех моих высказываний я, конечно, вполне мог бы ожидать вопрос: обращаюсь ли я к корректору при публикации своих книг? Ну, во-первых, моя цель здесь – изложить свою точку зрения. Никакой иной цели я не преследую. А во-вторых, позвольте мне привести такую аналогию. Допустим, я считаю, что ходить по улицам нагишом очень полезно для здоровья. Представляется ли вам логичным ожидать от меня, что я с сегодняшнего дня буду появляться на улице исключительно в таком виде? Мне кажется, что никакой логики тут нет. Точно так же и с моими книгами. Сейчас принято оформлять книги в соответствии с языковыми нормами. Поэтому при публикации своих книг я пользуюсь помощью специалиста.

Социология литературного языка

Основной вопрос, на который я попытаюсь ответить в настоящем разделе: каково отношение общества к литературному языку?

Я не могу высказывать свои суждения обо всех обществах на Земле. Мне трудно даже делать выводы в целом об обществе, говорящем на русском языке. Гораздо увереннее я могу рассуждать о тех, кто говорит на том же подмножестве русского национального языка, что и я сам, – на нормативном, или литературном, русском языке.

Так вот в этой довольно узкой среде я слышал примерно такие высказывания: «Язык является как бы лакмусовой бумажкой, определяющей, к какой категории общества относится конкретный человек. Если кто-то говорит на литературном языке, то это значит, что этот человек из моего круга. Он образован. С ним не зазорно общаться». А те, чей снобизм был еще выше, добавляли: «А если кто-то говорит на языке, сильно отличающемся от моего, то он не из моего круга. Я не хочу с ним общаться. И не хочу, чтобы мои дети дружили с его детьми. И постараюсь, чтобы они ходили в разные школы».

Такой подход по существу очень близок к обыкновенному расизму, поскольку он дискриминирует людей по их происхождению. Подход этот культивируется, конечно, значительнее в закрытых, тоталитарных режимах, чем в открытых, демократических. В наиболее передовых (разумеется, с моей точки зрения) демократических странах он считается неэтичным общественным поведением и нелегален во многих сферах деятельности.

В большевицкой России носители литературного языка называли себя интеллигентными людьми. Принадлежность к интеллигенции была привилегией в основном жителей двух российских столиц, где русский литературный язык практически только и поддерживался. Эта привилегия была частью пакета привилегий столичных жителей, самой главной из которых было наличие вареных и копченых колбас в магазинах. Однако именно нормы русского языка стали лакмусовой бумажкой российской интеллигенции. Наверное, так случилось потому, что изобразить колбасу на своем флаге российская интеллигенция не решилась. А с языком она неожиданно получила сильную поддержку печатным словом и вообще всеми большевицкими органами информации. И замелькали все эти «источник знания», «великий могучий», «лучший подарок».

Печатное слово всегда и везде пользовалось авторитетом. Конечно, его воздействие различно в разных обстоятельствах. Но думаю, что не ошибусь, если скажу, что в основном это воздействие на индивидуума определяется структурой общества, в котором он живет. В открытых, свободных структурах это воздействие слабо. В закрытых, тоталитарных режимах оно гораздо сильнее. Поэтому и грамматические правила воспринимаются по-разному. В демократическом обществе они рассматриваются каждым индивидуумом скорее как средство для достижения каких-то целей. В тоталитарном – как безоговорочное предписание.

Что лучше? Каждому – свое. Мне нравится демократическое общество, и я не люблю безоговорочные предписания. Вполне допускаю, что многим нравятся тоталитарные режимы и не нравятся возможности выбора. И допускаю, хотя мне трудно это представить, что существуют и смешанные варианты.

Однако с упомянутым выбором дело обстоит гораздо сложнее, чем может показаться на первый взгляд. В разделе «Нормативный язык» первой главы я уже отмечал, что академик, работающий над нормами, скажем, русского языка, под видом нормативного (литературного) русского языка предлагает нам язык, на котором он говорит. Поэтому люди, которые живут в одном доме с академиками и говорят на близком языке, имеют возможность выбирать. И каждый из них в действительности делает такой выбор относительно принятия или непринятия (частичного или полного) официальной языковой доктрины. Такой выбор индивидуумы делают, возможно, даже не осознавая этого.

Для тех, кто живет вдали от академиков, принятие официальной языковой доктрины связано со значительными усилиями. Осмелюсь утверждать: в глухой сибирской или саратовской деревне этот процесс будет напоминать изучение иностранного языка.

Насколько же силён был языковой снобизм русской интеллигенции в большевицкой России? За одно только «неправильное» ударение в одном слове «начать» человека записывали в неинтеллигентные и относили к разряду некультурных. Склонение числительных всегда считалось хорошим тестом на интеллигентность.

Как-то я звонил в Москву и разговаривал после очень

длительного перерыва с одной своей старой знакомой. На мой первый вопрос «Как дела?» она ответила: «У нас потрясающая новость. Законопроект принят двумястами шестьюдесятью девятью голосами против ста пятидесяти четырех». Этот ее ответ сказал мне о многом. Во-первых, я понял, что в Москве еще есть люди, которые склоняют числительные. Во-вторых, он напомнил мне о том, что моя знакомая – интеллигентный человек. В-третьих, я осознал, что интересы российской интеллигенции несколько сместились.

Справедливо ли дискриминировать человека только за «неправильное» ударение в слове «начать»? Вряд ли. Ведь такое «неправильное» ударение было распространено среди многих русскоговорящих, живших на территории Украины.

Конечно, мы живем в мире, где вместо слов «правильно» или «неправильно» практичнее говорить «принято» или «не принято». Так вот, если в определенных кругах общества принято говорить так и не принято говорить этак, – с этим ничего не поделаешь. Но если в одних определенных кругах общества сильны расистские настроения, то в других определенных кругах общества может быть принято это дело осуждать. И с этим тоже ничего не поделаешь.

А вот что странно: заимствование слов из иностранных языков никогда не осуждалось интеллигентными людьми России. И как ни травили людей, ни морили голодом, ни пытали, ни расстреливали, а все равно живет в русском народе это чувство – преклонение перед иностранным словом.

Как попадают иностранные (теперь уже читай –

американские) слова в русский язык? Когда нет похожего слова – тут все понятно. А когда есть похожее слово? Возможных вариантов много. Например, когда кто-то не знаком с русским эквивалентом. Или знаком, но он не пришел ему в голову. Или делает вид, что не пришел ему в голову. Или когда кто-то вернулся в Россию из дальних странствий и никак не может переключиться на русский язык. Или делает вид, что не может переключиться. А также когда кто-то хочет прояснить изложение. Или хочет его запутать. Или придать научность изложению. А также когда кто-то владеет иностранным языком не хуже русского. Или делает вид, что владеет иностранным языком не хуже русского. А также во многих других случаях.

Без всякого сомнения, такие слова, когда они впервые встречаются в тексте, мешают пониманию. И, значит, вредны. Но потом, когда (и если) они приживаются, они уже, можно сказать, обогащают язык.

Недавно я читал книгу одного автора из города на Неве. В ней попадались такие слова: спиксмен, ньюсмейкер, лейбл, маргинализация, детериорация, визионерский, оксюморонный, вуайер, конфидант, палинодичный, эвфемистический, парадигмический, сервильный, нарративный, брутальный, сикофантский, жовиальный, энигматический. Я не являюсь противником использования иностранных слов в русском тексте, даже слова «лейбл». Но когда я читал эту книгу, мне было смешно (вопреки, как я думаю, замыслу автора).

Посмотрим на все это с другой стороны. Нормативный национальный язык зависит от времени. А это означает, что то, что считалось неправильным вчера и за что в школе ставили низкие оценки, сегодня может считаться правильным.

Один из последних примеров. Вместо «на Украине» (что является исторически сложившейся нормой русского языка) теперь все чаще и чаще говорят «в Украине».

Вот еще четыре примера – фраз, не отвечающих нормам литературного языка, которые мы слышим повседневно:

- Порежь, пожалуйста, немного сыра.
- Давай созвóнимся сегодня вечером. Тогда всё и обсудим.
- Что мы будем кушать сегодня на обед?
- На улице довольно прохладно. Одень пальто.

Помню, какое впечатление на меня и моих друзей произвела фраза из одного популярного фильма 70-х: «Такую личную неприязнь я испытываю к потерпевшему, даже кушать не могу». Нам это казалось замечательным образцом мягкого юмора.

Помню также, как мы были удивлены, когда в другом, не менее известном фильме, учительница русского языка сказала: «Мое платье! Я забыла одеть праздничное платье!»

Сегодня похожие фразы – и уже без всякого юмористического оттенка – я слышу довольно часто. Настолько часто, что порой ловлю себя на мысли: не начну ли и сам говорить в том же духе?

Что же делать в такой ситуации? Мне кажется, главное – не нервничать. Делайте то, что вам больше всего по душе. Если хотите говорить на литературном языке, сверяйтесь с трудами академиков.

ГЛАВА ТРЕТЬЯ

ПРОБЛЕМЫ ПЕРЕВОДА

– What does the red flag mean?
– I grew up swimming in worse.

Из разговора на пляже

Введение

В этой главе я буду пытаться ответить на такие вопросы:

Что происходит при переводе с одного языка на другой?

Теряется ли что-то при переводе?

Если теряется, то в какой степени, и насколько эта степень зависит от типа переводимого текста?

На этом пути я буду главным образом рассматривать литературные произведения. Начну с обсуждения переводов поэтических произведений, и главный вопрос, на который я буду отвечать: может ли их перевод оставлять адекватное впечатление от оригинала? Подобные вопросы я затем рассмотрю и для переводов прозаических произведений, а также других, нелитературных текстов.

Что означает слово «перевод» применительно к литературному произведению? Большой современный толковый словарь русского языка говорит нам о том, что это «литературное произведение, переданное средствами другого языка, сохраняющее художественную форму, особенности оригинала».

Общий смысл этого определения более или менее ясен. При переводе на другой язык, как предполагается, должно быть сохранено все то, чем воздействует на нас оригинальный стихотворный текст, включая все особенности (надо полагать – художественные особенности) и даже форму. Ну, значит, мы и приступим к обсуждению того, насколько реально сохранить все художественные особенности оригинала и его форму в тексте перевода.

Удельный вес сюжета

Для начала я остановлюсь на том, что многие принимают за основополагающую составляющую художественных особенностей. Это сюжет и главная идея произведения – не обязательно даже литературного.

Мне иногда советуют посмотреть какой-то фильм и начинают подробно раскрывать его содержание. Я пытаюсь остановить рассказчика, говоря, что с са́мой занимательной идеей фильм может оказаться совершенно пустым, а с абсолютно никакой идеей – замечательным. И если мои слова не помогают, я начинаю отшучиваться и прошу рассказчика остановиться, иначе мне, мол, будет неинтересно этот фильм смотреть.

В музыкальной школе на уроках музлитературы нам играли что-то на фортепьяно и учили распознавать в услышанном какие-то образы. Мы писали сочинение о прослушанном. Почему там сначала было тихо, а потом громче. (Или сначала медленно, а потом быстрее.) И что там напоминали нам звуки. И на что надо было обратить особое внимание. И в какое время это все было написано, и что автор хотел этим сказать.

Все это объяснялось в нашем учебнике по музлитературе. Я как-то начал его читать, но вскоре бросил, потому что понял, что не смогу всего этого осилить никогда.

В общеобразовательной школе нас учили, как надо «правильно» воспринимать живопись. Объясняли, что именно изображено на картине художника и какой особый смысл он пытался вложить в свое произведение. То есть описывали «содержание» картины и всякие побочные обстоятельства ее создания. Объясняли, почему и какие пальцы подняла боярыня Морозова. Откуда взялись персики на картине Серова.

На уроках литературы нам долго и упорно разъясняли смысл и основную идею каждого литературного произведения, прозаического или стихотворного. Объясняли, на что намекал Пушкин, когда написал «пора, брат, пора!» и когда говорил, что север для него вреден.

Вот те учителя, которые говорили нам про Пушкина, про пальцы Морозовой, и те, кто пытались рассказать мне о сюжете нового фильма, должны, наверное, полагать, что вполне адекватный перевод всегда возможен. Ведь самое главное (думают они) – это идея, сюжет, содержание. А какие могут быть проблемы в передаче содержания на другом языке? Да никаких особых проблем (напоминаю, так думают они) не может быть.

Однако для меня и, как я знаю, для многих других восприятие литературного произведения, как и любого произведения искусства, не сводится к восприятию его сюжета, идеи, а гораздо богаче этого.

В поддержку своих мыслей я хочу привести слова Набокова из его работы о Гоголе. Вот короткое высказывание Набокова об общем подходе к творчеству Гоголя (с определенной стороны, правда): «Его произведения, как и всякая великая литература, – это феномен языка, а не идей».

Я, конечно, согласен в этом с Набоковым. Однако, судя по тем примерам, относящимся к живописи, музыке, кино и литературе, которые я привел, масса людей думает иначе.

Здесь я только хотел бы обратить внимание на одно слово в высказывании Набокова. Это слово – «великая». Он говорит именно о великой литературе. К ординарной литературе это может не иметь никакого отношения. В ней, весьма возможно, основным будет сюжет, идея.

Что можно сказать, например, о таком стихотворном опусе: «Шампанское лилось рекой / В честь Прасковьи дорогой.»? В нем нет ничего, кроме самой простой идеи. И поэтому заключение Набокова о феномене языка к нему, конечно, неприменимо.

Я не буду здесь каждый раз уточнять, о какой литературе идет речь, но если это не оговорено особо, буду подразумевать именно неординарную литературу.

Что порождает трудности перевода

Попробуем понять, реально ли сохранить все художественные особенности стихотворного оригинала в тексте перевода. Но сначала надо было бы ответить на вопрос: каким образом языковые средства, а вместе с ними и художественные особенности произведения воздействуют на нас?

К сожалению, на этот вопрос нельзя дать исчерпывающего ответа. По крайней мере, никто пока такого ответа не предложил. Можно лишь в отдельных произведениях отмечать те или иные элементы, которые такую работу выполняют. И при этом констатировать, что при переводе на другой язык сохранить эти элементы так, чтобы они выполняли ту же самую работу, практически невозможно.

Далее я приведу перечень (скорее всего, неполный, поскольку это не является моей целью) элементов языка, которые порождают трудности перевода и препятствуют сохранению художественных особенностей оригинала. Однако я не буду проводить всестороннее и полное исследование всех вопросов. Моя цель здесь – выявить основные трудности, которых будет достаточно для того, чтобы сделать определенные выводы. Но сначала я хочу сказать о самом словосочетании – «трудности перевода».

Когда говорят о переводах, то неминуемо сбиваются на обсуждения трудностей перевода каких-то определенных мест в каких-то определенных произведениях. Это основное, о чем обычно говорят, когда обсуждается проблема переводов. И у каждого активного участника подобных дискуссий запасены десятки примеров вот этих самых трудностей. А слово «трудности» имеет такой оттенок, что переводить, мол, трудно, но справиться с этим можно. Особенно, как надо полагать, если дружно взяться за руки.

Так вот, у меня словосочетание «трудности перевода» такого оттенка априори не имеет.

Николай Гумилев в своих девяти заповедях переводчика фактически пытался систематизировать трудности перевода, перечисляя то, что надо «обязательно соблюдать» в стихотворных переводах. И неявно, таким образом, полагая, что соблюдение его требований принципиально возможно.

Трудности, о которых говорю я, либо могут быть преодолены лишь в какой-то мере, либо, скорее, могут оказаться вообще непреодолимыми.

О различии в значении слов

В этом подразделе я укажу на ключевой момент, который порождает трудности перевода. Он напрямую связан с релятивистской концепцией языка, которую я представлял в предыдущих разделах книги.

Будем для определенности считать, что мы рассматриваем перевод с русского языка на английский. Хотя то, что я скажу дальше, относится в равной мере к любой другой паре языков.

Когда мы говорим о русском или английском языке,

мы, конечно, сильно упрощаем реальную ситуацию. Потому что релятивистская концепция языка говорит нам о том, что даже те люди, которые говорят якобы на одном и том же языке, приписывают различные значения одним и тем же языковым элементам. Более того, эти значения даже у одного и того же человека меняются со временем. Однако в каждый конкретный момент для какого-то определенного слова на русском языке у каждого человека имеется свое множество значений и ассоциаций, которые с этим словом связаны. В этом случае мы говорим о русском языке в узком смысле – как о языке конкретного индивидуума.

Когда кто-то читает русский оригинал, то тут уже существует проблема различий между автором и читателем (поскольку они говорят на разных языках). А при чтении перевода можно уже насчитать три источника искажения первоначального смысла. Первый из них возникает при прочтении переводчиком произведения русского автора. Второй связан с индивидуальными особенностями переводчика (с его трактовкой русского и английского языков и его навыками перевода). Третий источник возникает при прочтении читателем английского перевода.

При переводе слова́ русского языка (или комбинации слов) заменяются вроде бы эквивалентными словами (комбинациями слов) английского языка. У любого англоязычного читателя с любым из этих английских слов (комбинаций) связано множество значений и ассоциаций. И это множество отличается от множества значений и ассоциаций как для любого индивидуума, говорящего на русском языке, так и для русского языка вообще (где множество значений получается в результате агрегирования по всем носителям русского языка). В каких-то случаях это отличие может быть довольно большим, в каких-то - не очень большим. Но в любом случае у каждого русского слова есть свое поле значений. И никакое слово из другого языка такого поля иметь не может. В этом и состоит ключевой момент, порождающий трудность перевода.

Хочу привести здесь слова Александра Сергеевича Пушкина из его небольшой работы «О Мильтоне и переводе “Потерянного рая” Шатобрианом»:

«...стараясь передать Мильтона слово в слово, Шатобриан, однако, не мог соблюсти в своем преложении верности смысла и выражения. Подстрочный перевод никогда не может быть верен. Каждый язык имеет свои обороты, свои условленные риторические фигуры, свои усвоенные выражения, которые не могут быть переведены на другой язык соответствующими словами».

Эта выдержка показывает, что те доводы, которыми я пользуюсь, хорошо осознавались давным-давно. (Правда, только продвинутыми индивидуумами.) К сожалению, в наше время они порой либо совсем не принимаются, либо принимаются с большими оговорками.

И еще один момент. Окружающая среда формирует мировоззрение человека, в том числе его эстетическое мировоззрение. Оно будет различным у разных индивидуумов. И у каждого человека оно будет меняться со временем. Литературное произведение может быть направлено (или всегда направлено) на определенное мировоззрение читателя. Различия мировоззрений, как нетрудно понять, могут быть сильно коррелированы с различиями в множествах значений. И, действуя примерно в одном и том же направлении, эти различия представляют серьезное препятствие для адекватного перевода.

О языковых ловушках

Далее я бы остановился на языковых ловушках для переводчиков, которые порождают их явные ошибки. Набоков в своей работе «Искусство перевода» приводит примеры таких ошибок. Один из них – перевод пушкинского «У лукоморья» оборотом «На берегу лукового моря».

В ноябре 2021 года мы обсуждали проблему перевода на сессии Миллбурнского литературного клуба. И выступавшие приводили много других примеров явных ошибок. Кстати говоря, это является чуть ли не обязательной частью каждого исследования о переводах. И я вполне понимаю авторов подобных исследований, поскольку такие примеры выглядят довольно эффектно и легко читаются. Но я бы не отнес языковые ловушки к ключевым моментам перевода. В частности, не отношу их и к ключевым моментам своего изложения, поскольку таких ошибок теоретически можно было бы избежать. Правда, практически их избежать нелегко, поскольку для переводчика один из двух языков, наверное, всегда не является родным.

Об игре слов и звуков и об ассоциациях

Другие элементы языка, которые серьезно препятствуют возможности адекватного перевода, тоже широко известны и часто обсуждаются. Это непереводимая игра слов и звуков, а также ассоциации, вызываемые словами, темой или даже звуками.

Я вспоминаю выступление в Миллбурнском литературном клубе Джулиана Лоенфельда в апреле 2005 года с переводами Пушкина. Читал он в тот раз и свой перевод *"A wondrous moment I remember..."* пушкинского стихотворения «Я помню чудное мгновенье...» Думаю, что Джулиан – один из лучших переводчиков Пушкина на английский. Но смог ли он в данном случае донести очарование пушкинского текста до англоязычного читателя?

Вот что говорит в своей работе «Искусство перевода» Набоков о переводе на английский первой строки этого стихотворения:

«Мелодия этой строки с округлым и полнозвучным словом "чудное" в середине и звуками "м" и "н" по бокам, уравновешивающими друг друга, – умиротворяет и ласкает слух, создавая при этом парадокс, понятный каждому художнику слова. Если посмотреть в словаре эти четыре слова, то получится глупое, плоское и ничего не выражающее английское предложение: "I remember a wonderful moment". <...> Как ни старайся, английского читателя не убедишь, что "I remember a wonderful moment" – совершенное начало совершеннейшего стихотворения».

И еще:

«В слове "чудное" слышится сказочное "чудь", окончание слова "луч" в дательном падеже и древнерусское "чу", означавшее "послушай", и множество других прекрасных русских ассоциаций. И фонетически, и семантически "чудное" относится к определенному ряду слов, и этот

русский ряд не соответствует тому английскому, в котором мы находим "I remember"».

Негативное мнение Набокова о возможности перевода русской поэзии вызвало отрицательную реакцию многих выступавших на заседании Миллбурнского клуба в ноябре 2021 года. Это несогласие с мнением Набокова сопровождалось довольно резкими выражениями в его адрес. И совсем уж неожиданным для меня оказалось то, что по этой причине (или по какой-то другой) острой критике с еще более резкими выражениями подверглись выполненные Набоковым перевод на английский язык романа «Евгений Онегин» и Комментарий к нему.

Критика набоковского Комментария не совсем была, так сказать, по теме заседания Миллбурнского клуба. Не совсем она и по теме этой главы. Однако я хочу очень кратко, буквально в нескольких словах, ответить на эту, как мне кажется, явно несправедливую критику.

Сам Набоков считал свой Комментарий «кабинетным подвигом». «Россия должна будет поклониться мне в ножки (когда-нибудь)» – так, он полагал, литературное сообщество должно было оценить его труд. Работа над Комментарием заняла у него более десяти лет. Объем этого труда – более тысячи страниц в четырех томах. Небольшая часть первого тома отведена прозаическому переводу романа. Остальная, бóльшая часть первого тома и другие три тома содержат обширный комментарий.

Этот труд Набокова высоко оценивается ведущими российскими пушкиноведами. Вот что говорил о нем Вадим Петрович Старк – российский литературовед, исследователь творчества Пушкина, доктор филологических наук, ведущий научный сотрудник отдела пушкиноведения Института русской литературы Российской академии наук:

«Теперь нам стал доступен Набоков, <...> мы открываем в нем не только художника, но и ученого, заставляющего нас по-новому взглянуть на Пушкина и его роман. В целом, если говорить о набоковском Комментарии, примечательными оказываются не только те открытия и наблюдения, которые явились плодом длительных и кропотливых научных изысканий, но и те, которые не мог сделать никакой другой исследователь, кроме Набокова, чей писательский дар позволил ему проникнуть в области, недоступные критику».

Те, кто критиковал выполненные Набоковым перевод на английский язык романа «Евгений Онегин» и Комментарий к нему, делали это, на мой взгляд, не очень-то понимая, по какой причине Набоков взялся за этот труд и какой цели он служит.

О размере, рифме и не только

Все сказанное выше может относиться не только к стихотворным, но и к прозаическим произведениям. Возможно только, в стихотворных произведениях это проявляется в большей степени. А сейчас я перехожу к трудностям, относящимся исключительно к стихотворным произведениям. Основные из них - это рифма (созвучие окончаний в строках), рифмовка (порядок чередования рифм в стихотворении) и ритм (чередование ударных и безударных слогов). Существует много видов (типов) рифмы, рифмовки, ритма. К этому можно было бы еще добавить особенности переноса части предложения (или даже сло́ва) на следующую строку или строфу, как например, у Высоцкого: «Прочь влияния извне – / Привыкайте к новизне! / Вздох глубокий до изне- / можения». И то, что присуще оригинальному произведению, вроде бы должно быть как-то сохранено в адекватном переводе.

Можно найти много примеров того, насколько серьезными могут быть возникающие при этом проблемы перевода. Я приведу здесь одно высказывание из довольно интересной книги Якова Клоца «Поэты в Нью-Йорке». Это высказывание Евгения Осташевского. Вот что он ответил на вопрос о переводах Введенского на английский:

«С Введенским другая проблема – не столько лексическая, сколько ритмическая. Особых лексических выкрутасов у него нет: у него просто свой словарь, который все время повторяется. Так что не в этом была сложность, а в том, что делать с четырехстопными ямбами и хореями, которыми Введенский часто пишет: по-русски это напоминает сказки Пушкина, но по-английски такой ассоциации просто нет. А для Введенского она абсолютно ключевая. Четырехстопный хорей в английской традиции совсем другой. Он другой и ритмически, потому что язык гораздо более односложный, и культурно, потому что такой размер совсем по-другому ощущается. Вообще четырехстопные размеры в английском более закрыты. Можно, конечно, перевести четырехстопный ямб четырехстопным ямбом, но это бессмысленно, потому что такого же четырехстопного ямба все равно не получится. Бродский считал, что язык языком, а размер размером. Я с этим категорически не согласен. Это другая мелодия, другая традиция».

Только ли с переводами русской поэзии на английский возникают какие-то проблемы? Нет, конечно.

И об этом говорят многие. Вот что пишет, например, Жорж Нива в своем эссе «Александр Блок во Франции», посвященном в основном французским переводам «Двенадцати». Он цитирует Станислава Фюме, который говорит о том, чем страдает французская переводная поэзия:

«Эта ее слабость объясняется отсутствием тонического ударения, исчерпанностью запаса рифм и в особенности своеобразием развития французской поэзии от Клоделя до Элюара и Шара. <…> К этим общим трудностям прибавим особую, блоковскую: никто не нашел французского эквивалента для дольника, который “канонизировала” поэзия Блока».

И далее Жорж Нива приводит прямую цитату Фюме:

«Пока мы не выучимся по-русски, мы должны, увы, отказаться от надежды услышать ритмы, которые, по словам знатоков, не знают себе равных в мире. Переводы дают представление лишь о красках русской поэзии; о рисунке ее мы узнаем очень немногое, о мелодии – почти ничего».

По свидетельству Нива, Станислав Фюме считает, что «французская поэзия страдает тем же недугом и при переводах с немецкого или английского».

Ну а насчет пассажа «пока мы не выучимся по-русски» я бы хотел кое-что добавить. И я вернусь к этому моменту в одном из следующих подразделов.

В заключение этого подраздела я хочу привести цитату из довольно интересной работы Гайто Газданова, посвященной русской поэзии на французском языке. В ней он делает одно немаловажное замечание по поводу трудностей или даже невозможности перевода поэтических произведений, рассматривая проблемы перевода со стороны фонетики:

«Когда-то Тургенев говорил Флоберу о Пушкине, и Флобер попросил его перевести ему что-нибудь. Тургенев перевел одно из лучших стихотворений Пушкина "Я вас любил". И Флобер сказал: "Но это плоско – то, что он пишет". Тургенев был прекрасным переводчиком, это несомненно. Пушкин – великий поэт, и это тоже не вызывает никаких сомнений. Но дело в том, что передать на французском языке русский поэтический гений, надо полагать, невозможно или, во всяком случае, необыкновенно трудно. Как можно по-французски передать это движение русских гласных, которых нет во французском языке, эти смещения ударений, которые есть в английском и немецком языках, но которых нет по-французски, где ударение всегда на последнем слоге? И это только чисто фонетическая сторона».

Промежуточные выводы

Теперь можно оценить, какую работу должен проделать переводчик для адекватного перевода поэтического оригинала. Получается, что он должен написать нечто по теме оригинала, во-первых, используя при этом эквивалентные слова (или группы слов), которые, как мы знаем, не существуют, во-вторых, используя такую же (пусть даже похожую) звуковую мелодию стиха, в-третьих, используя похожие предметные, речевые и даже звуковые ассоциации, в-четвертых, привлекая ту же игру слов (которая почти наверняка отсутствует на языке перевода), а также, в-пятых, в-шестых, в-седьмых, в-восьмых, в-девятых и в-десятых, подчиняясь множеству других ограничений. И еще: он должен написать все это обязательно в рифму (желательно того же вида, что и в оригинале), с той же рифмовкой и используя при этом размер оригинала.

Возможно ли такое? Ну, с учетом всего сказанного выше надо заключить, что описанное частично соблюсти чрезвычайно трудно, а частично и просто нереально. И, значит, надо заключить (с глубоким прискорбием, конечно), что адекватный перевод поэтических произведений невозможен.

После такого вывода я должен был бы в дальнейшем заключать слово «перевод» в кавычки. Время от времени я так и буду делать (не всегда, иначе текст станет трудно читаемым).

Иногда можно услышать о ком-то: это национальный поэт. Очевидно, здесь имеется в виду, что в переводах этого поэта на другой язык все теряется. Это как раз то, о чем я здесь пишу. Я, правда, считаю, что все поэты – национальны. Естественно, я имею в виду хороших поэтов, которым есть что терять в переводе.

Я не знаю, как вы поняли мое последнее предложение. К сожалению, в русском языке запятая перед словом «которым» не несет смысловой нагрузки. Поэтому-то я и не знаю, как вы меня поняли. То ли вы подумали, что я имею в виду только тех хороших поэтов, которым есть что терять. То ли – что я считаю, что всем хорошим поэтам есть что терять. Если бы я писал свою книгу на английском языке, то все было бы очень просто. Я бы поставил запятую во втором случае, который соответствует *nonrestrictive* (*nonessential*) *clause* в английском языке. И я опустил бы запятую в первом случае, который соответствует *restrictive* (*essential*) *clause*.

Мне могут возразить здесь, что, мол, после запятой в английском языке принято использовать слово «*which*», а без запятой – слово «*that*». И получается, мол, что и без запятой все становится ясным. Однако же на практике англоговорящий народ нередко употребляет слово «*which*» в любом случае. Так что получается все-таки, что запятая в этом случае в английском языке работает.

В русском языке запятая перед словом «который» ставится автором (или корректором) автоматически и, следовательно, как я уже отмечал это в разделе «О нормах языка» второй главы, не несет функциональной нагрузки.

Чтобы исключить двусмысленность, я повторю свое утверждение в следующей редакции. Я считаю, что все хорошие поэты – национальны.

И конечно же, я сторонник такого утверждения:

хороший поэтический перевод – это уже не перевод как таковой. В таком случае можно лишь сказать, что кто-то написал свои стихи по мотивам произведения другого человека. Причем перевод всегда, очевидно, делается в силу переводящего. Если посредственный поэт переводит Пушкина, то его стихотворный перевод будет посредственным. А большой поэт способен создать шедевр независимо от того, кого он переводит.

Все, что было пока высказано мной, вызывало возражения как у участников сессии Миллбурнского клуба в ноябре 2021 года, так и у многих других, с кем я беседовал на эту тему до или после заседания. Что говорили те, кто не согласен с моими выводами? Я не стану приводить дословные высказывания конкретных людей, а взамен буду приводить, так сказать, обобщенное мнение по тому или иному моменту всех, с кем мне пришлось обсуждать эти вопросы в разное время. Желающих посмотреть и послушать обсуждение этих вопросов в Миллбурнском клубе я отсылаю к моему сайту *slavabrodsky.com* или сайту клуба *nypedia.com*.

Каким образом народ аргументировал свое несогласие со мной? Обычно эта аргументация сводилась к представлению каких-то примеров. И поскольку мы говорили о великой литературе на русском языке, то, как и следовало ожидать, многие примеры были связаны с большими именами в русской литературе. Что говорили те, кто не был согласен со мной, по поводу переводов, скажем, Пушкина? Считали ли они возможным адекватный перевод его поэтических творений?

Кто-то ответил на это утвердительно, кто-то уклонился от ответа. Был ли я единственным в той аудитории, кто без сомнения отвечал бы на этот вопрос отрицательно, не знаю. Могу только надеяться, что это не так.

Среди отвечающих на этот вопрос утвердительно иногда все-таки были те, кто несколько смягчал формулировку своего ответа. В таких случаях можно было услышать, что пока еще никто не созрел до этого, но если, мол, найдется кто-то с талантом нашего Пушкина, кто не только в совершенстве знает язык, на который он переводит, но и в совершенстве знает русский, тогда, мол, вполне возможно ожидать абсолютно адекватного перевода.

Ну что ж, давайте представим себе такую ситуацию. Представим, что кто-то, скажем, во Франции, обладающий всеми талантами Пушкина, вдруг проникся каким-то его стихотворением и решил написать нечто похожее на французском языке. Предположим также, что этот человек вдобавок свободно говорит по-французски и по-русски. И не только свободно говорит, а оба этих языка являются для него родными. Ну, скажем, он родился в Париже, но потом родители перевезли его в Москву. А потом – обратно в Париж. И так он все время до тридцати лет ездил туда-сюда. Обладая необычайными поэтическими талантами, он к тридцати годам превратился в гениального русского поэта, а во Франции – в гениального французского поэта.

И вот тут он прочитал какое-то стихотворение Пушкина и решил перевести его на французский язык. И свершается чудо. Душа нашего француза стесняется лирическим волненьем, в нем пробуждается поэзия, мысли в голове волнуются в отваге, рифмы легкие навстречу им бегут, пальцы просятся к перу, перо к бумаге, ну и все такое прочее, что определяет процесс свершения поэтического чуда гением поэзии.

Будучи гениальным русским поэтом, наш француз, конечно же, чувствовал все художественные особенности оригинала. А будучи гениальным французским поэтом, был в состоянии проявить все свои таланты, усиленные прочтением оригинала, для того чтобы создать нечто совершенное на французском языке. В результате французские читатели рыдали над его переводом точно так же, как рыдали над оригиналом Пушкина российские читатели.

Возможен такой вариант? Конечно, возможен. Теоретически возможен. А вот практически – вряд ли. Или, точнее, такой вариант очень и очень маловероятен. Однако если такое вдруг все-таки случится, французский поэт не сможет передать по-французски поэтическое волшебство Пушкина. И в этом смысле французский «перевод» не будет адекватен оригиналу. Хотя французский поэт вполне мог бы создать поэтическое произведение, наполненное волшебством, на французском языке, которое, правда, было бы, конечно, волшебством иного рода по сравнению с русским оригиналом.

А по поводу французского перевода, наполненного волшебством, есть еще один момент, о котором стоит сказать хотя бы несколько слов. Для того чтобы французские читатели рыдали над таким переводом так же, как рыдали над оригиналом Пушкина российские читатели, нужно еще кое-что. И это «кое-что» я сейчас могу коротко определить как общественный резонанс. А подробнее об этом я буду говорить в заключительной, четвертой главе.

Многие говорят, что хотя перевод не может быть абсолютным эквивалентом оригинала, он к нему может быть очень близок. К этому по одному конкретному случаю однажды была добавлена оговорка: перевод близок к оригиналу настолько, насколько это возможно. Вот с такой оговоркой я, пожалуй, согласился бы. Поскольку перевод может быть близок к оригиналу «насколько это возможно», даже если близкий перевод принципиально невозможен.

При обсуждении переводов Бёрнса Маршаком иногда говорят, что в них сохранена общая мелодика. И что перевод и оригинал вызывают схожие эмоции. Примерно то же самое говорят и о переводах сонетов Шекспира Пастернаком.

То, что при переводе сохранена общая мелодика и, скажем, еще ритм, это, как считают многие, хорошо. Но не это же определяет качество «перевода». А вот то, что перевод и оригинал вызывают схожие эмоции, – в этом есть определенное зерно. Хотя мы знаем, что ни у каких двух индивидуумов эмоции не могут быть одинаковыми. Но похожими они могут быть. Однако кто может оценить и сравнить эмоции людей, вызываемые оригиналом и переводом любого произведения? Пожалуй, никто.

Я уже цитировал книгу Якова Клоца «Поэты в Нью-Йорке». Скажу теперь, что в ней оказалось довольно много высказываний поэтов о переводах. И практически все они лежат, так сказать, в одной плоскости с моим представлением о предмете. Приведу еще одну цитату оттуда. Она принадлежит Елене Сунцовой:

«...у меня очень примитивный подход к переводам: я убеждена, что переводить невозможно, даже если ты гений. Если хочешь читать персидскую, греческую, английскую, французскую или итальянскую – любую – поэзию, то будь

добр, сядь и выучи язык. Для этого нужно очень этот другой язык полюбить. Со мной такого не происходит, а заставлять себя я не умею. Я уважаю переводчиков и их работу, но, к сожалению, ничего не могу с этим своим мнением поделать».

Единственное возражение к сказанному у меня вызвало вот это: «будь добр, сядь и выучи язык». Я бы заменил это на «будь добр, родись в этой стране». Поскольку адекватного ощущения от прочтения оригинала шедевра мировой литературы нельзя достичь простым выполнением указания «сядь и выучи язык».

Похожее мнение (насчет «выучи язык») в несколько иной трактовке звучало и на заседании Миллбурнского клуба о переводах. В одном из эпизодов зашла речь о том, насколько нужны были переводы с французского на русский в XIX веке. И говорилось о том, что французский был родным языком дворянского общества. Поэтому, казалось бы, можно было всегда обратиться непосредственно к оригиналу.

Насколько это мнение справедливо? Трудно об этом судить без каких-то, так сказать, исторических свидетельств. Одно я нашел. Это воспоминание П.И.Мельникова-Печерского. Он приводит свидетельство своего преподавателя в Казанском университете Г.И.Суровцева, который познакомился с Пушкиным в то время, когда тот собирал в Оренбурге материалы для истории Пугачевского бунта:

«Однажды, говорил Суровцев, спросили Пушкина, как он находит даму, с которой он долго говорил, умна ли она? Поэт отвечал: “Не знаю, ведь я говорил с ней по-французски”.»

Что можно сказать по этому поводу? Наверное, только – «Ай да Пушкин!»

А я бы добавил вот что. Языком дворянского общества в XIX веке был не французский язык, а, так сказать, «российский французский» язык. Со всеми вытекающими отсюда последствиями.

И тут возникает один риторический вопрос. А мы, «русские», члены Миллбурнского клуба, которые «сели и выучили» американский английский и теперь вроде бы свободно на нем говорим (быть может, с акцентом), – можем ли мы обращаться к Шекспиру на языке оригинала?

Что такое удачные переводы

Только что я рассматривал гипотетический удачный перевод. Теперь я хочу указать на реальные случаи, когда может создаться впечатление, что стихотворный перевод выполнен удачно. И тогда может показаться, что такие примеры противоречат тем выводам, которые я уже сделал.

Но для начала я бы подразделил всех, делающих стихотворные переводы, на несколько групп:

группа первая (довольно малочисленная) – первоклассные поэты, делающие переводы, так сказать, по зову сердца;

группа вторая (тоже малочисленная) – первоклассные поэты, делающие переводы за деньги, или «для куска хлеба» *;

группа третья (намного превосходящая по численности первую и вторую) – все остальные; сюда входят непервоклассные поэты и любители, делающие переводы по любой причине.

О первой группе переводчиков

Обратимся к первой группе переводчиков. Вспомним, скажем, переводы Бёрнса, выполненные Маршаком. Бёрнс почитается шотландцами. Они его очень любят. И может

---

* Выражение А.С.Пушкина по поводу перевода Шатобрианом «Потерянного рая» Мильтона.

быть, по этой причине за перевод взялся Маршак. А Маршак – замечательный поэт. Его тоже почитают. Только почитают его русские. И неудивительно, что русские с удовольствием читают его «переводы». Получается, что шотландцы обожают своего Бёрнса, а русские - Бёрнса в переводе Маршака. Ну и вроде бы отсюда следует, что Маршак замечательно перевел Бёрнса и что теперь русскоязычные читатели имеют хорошее представление о поэзии Бёрнса.

Но вот что настораживает. Маршак ведь переводил не только Бёрнса. Он, например, перевел сонеты Шекспира. Многим они нравятся. И тогда вроде бы выходит, что он помог русскоязычному читателю получить хорошее представление о поэзии Шекспира. А Пастернак тоже перевел сонеты Шекспира. И они тоже многим нравятся. Значит (вроде бы), он тоже помог русскоязычному читателю получить хорошее представление о поэзии Шекспира. При этом народ, который так думает, не обращает особого внимания на то, что «переводы» Маршака и Пастернака довольно разные. Они очень уж разные. Ну и как же тогда они, будучи столь разными, могут дать нам осмысленное представление об оригинале?

Ответ тут может быть только один. К оригиналу эти переводы имеют лишь косвенное отношение. И это – несмотря на то, что сделаны они выдающимися национальными поэтами.

Однако русскоязычный читатель, скажем, сонетов Шекспира в переводе Пастернака получает сильное эмоциональное воздействие при знакомстве с этим переводом. И поэтому он приходит к выводу о том, что перевод сделан блестяще. И в каком-то смысле будет прав.

Но он на этом не останавливается и продолжает. Что он, мол, просматривал сонеты в подлиннике и видит, что перевод очень близок к оригиналу. И теперь, мол, русскоязычный читатель может получить идеальное представление о сонетах Шекспира на основании пастернаковского перевода.

Попробуйте спросить кого-то, читал ли он сонеты Шекспира. И вы, скорее всего, услышите – читал, конечно читал. Хотя читал он не сонеты Шекспира, а «перевод» сонетов Шекспира.

На самом же деле, конечно, Маршак «перевел» сонеты в своем стиле и в силу своего таланта. А Пастернак «перевел» их в своем стиле и в силу своего таланта. И, значит, в этом случае можно говорить только о том, что они написали сонеты по мотивам (на основе) сонетов Шекспира. Хотя общеупотребительное значение этого выражения («по мотивам») несколько другое. Об этом я еще буду говорить в этом же подразделе.

Бёрнса в переводе Маршака я читаю с наслаждением. Хотя понимаю, что это не Бёрнс, а Маршак. А шотландцы – они с удовольствием читают Бёрнса? Да, с удовольствием, но независимо от переводов Маршака.

Безусловно, Маршак что-то «поймал» у Бёрнса. Но, возможно, что-то и «недопоймал». И наверняка вложил свой талант в перевод, скомпенсировав то, что «недопоймал». И все же оригинал Бёрнса и перевод Маршака – разные произведения. Каковы они в сравнении? Думаю, ответить на этот вопрос не сможет никто.

Может показаться, что вопрос, который я сейчас обсуждаю применительно к первой группе переводчиков, – чисто терминологического характера. Что все, конечно, прекрасно понимают, что Маршак писал по мотивам (на основе) сонетов Шекспира. И несмотря на это, принято в таком случае говорить, что это сонеты Шекспира в переводе Маршака.

К сожалению, это не совсем так. И даже совсем не так. Что я имею в виду?

Как мы поняли, всякий перевод не является адекватной копией оригинала. Можно выразить это и другими словами. А именно, можно сказать, что перевод представляет собой произведение, написанное по мотивам (на основе) оригинала. Однако существует одно неявное, но общепринятое терминологическое соглашение, которое связывают с намерениями автора перевода. Когда говорят, что перевод сделан по мотивам оригинала, то имеют в виду, что автор сознательно отклонялся (чаще всего в основной линии, в сюжете) от оригинала. А когда говорят о переводе без такой оговорки, то имеют в виду, что автор старался следовать букве и духу оригинала. Поэтому-то до сих пор я ставил после словосочетания «по мотивам» пояснение в скобках «на основе», чтобы отличить одно понятие от другого. Всюду дальше я такое пояснение не буду делать в обязательном порядке. И надеюсь, что из контекста всегда будет ясно, в каком смысле я употребляю термин «по мотивам».

Так вот – когда говорят о переводах, скажем, Маршаком сонетов Шекспира или о каких-то других переводах, большинство людей принимают слово «перевод» за, так сказать, чистую монету. И если нет ссылки на то, что перевод делался по мотивам оригинала, то многие путают намерения автора с результатами его усилий. То есть считают (по крайней мере, в каких-то случаях), что автор не только пытался следовать букве и духу оригинала, но и добился поставленной цели и создал адекватный перевод.

Помните, я приводил слова Набокова об английском читателе, которого «не убедишь, что "*I remember a wonderful moment*" – совершенное начало совершеннейшего стихотворения»? Так вот, этот английский читатель, скорее всего, будет оставаться в совершеннейшем недоумении, почему русские так высоко ценят своего Пушкина, который создавал такие вот плоские и неинтересные творения. А почему он так думает? Потому что мало кто понимает, что перевод никогда не является адекватным оригиналу и чаще всего является негодной его копией.

Приведенный пример с высказыванием Флобера о Пушкине – еще одно подтверждение этому. Флобер наивно полагал, что перевод, выполненный человеком, заслуживающим его доверия, дает хорошее представление об оригинале.

О второй группе переводчиков

Мы все – русскоговорящие, жившие в свое время в стране Советов, подпорчены своеобразным отношением к тому, что называется работой.

В те времена у музыкантов было такое понятие – «халтура». Скажем, вы играете в каком-то хорошем оркестре – неважно, любительском или профессиональном. И вот к вам приходят какие-то люди с телевидения и просят прийти к двенадцати часам ночи на студию. С вашей скрипкой, конечно. Там вам прилепят на вашу физиономию большую белую бороду, и вы будете изображать, скажем, каких-то дедов-джазов-морозов. За эту халтуру вам заплатят около двадцати процентов вашей месячной зарплаты. Отказываться, конечно, не стоит. А то вам такое в следующий раз не предложат. А двадцать процентов от вашей зарплаты – это ведь очень неплохие деньги, особенно если учесть, что зарабатываются они всего за полночи.

У научных работников «халтура» была немного другого плана. Вам надо было прочитать (скажем, в планетарии) лекцию на какую-то тему, отдаленно связанную с вашей основной работой. Но лекцию надо прочитать очень популярную. Никто особенно ничего не поймет. Да этого от вас никто и не требует. Народ поймет только, что вы где-то в чем-то хорошо разбираетесь. И общество «Знание» заплатит вам за это примерно столько же, сколько за дедов-джазов-морозов.

Еще научные работники могли составлять рефераты для реферативных журналов. Платили за это немного. Но зато было это не так уж и хлопотно. Кое-как перевести аннотацию к научной работе, даже не очень-то понимая, о чем там идет речь, не так уж трудно. Перевел, послал – вот, как говорится, и вся любовь до копейки.

У литераторов тоже была своя «халтура» – переводы. С грузинского, армянского, белорусского. За это тоже платили неплохие деньги. И для них, в отличие от музыкантов или ученых, такая «халтура» часто становилась почти единственным надежным способом заработка.

Как можно относиться к таким переводам, если они сделаны первоклассными поэтами, но только «для куска хлеба»? Казалось бы, примерно так же, как и к переводам первой группы. Однако на деле такие переводы, как правило, оказываются гораздо менее удачными. И читательский спрос на них невелик. То же самое можно сказать и о национальных поэтах не самого высокого уровня.

Почему так получается? Наверное, потому что, когда поэт заранее настраивается на «халтуру», на то, чтобы просто заработать себе на пропитание, ему трудно поймать необходимое вдохновение. При этом сами поэты-переводчики вполне отдают себе отчет в том, что их переводы – продукция, так сказать, «второй категории свежести».

Эдуард Бабаев в своих «Воспоминаниях» пишет о переводах Ахматовой, за которые она бралась только «для куска хлеба»:

«За двадцать лет добрых отношений с Анной Андреевной Ахматовой мне довелось много раз слышать, как она читает свои старые и новые стихи. Но я никогда не слышал, чтобы она читала свои старые или новые переводы. <…> Помнится, однажды она вернулась из какого-то издательства и сказала с тоской и отвращением: “Я опять подписала договор на переводы… На нервной почве!”»

Бабаев говорит также о том, что у Ахматовой были помощники по переводам, которые тоже нуждались в заработке, но получить заказ им было намного труднее. С ними она делилась своими гонорарами. То же самое говорила и Н.Я.Мандельштам. Только она утверждала, что почти все переводы Ахматовой делались таким способом.

Как, скажем, можно относиться к переводам Иосифа Бродского с сербского? Сербского он не знал. И делал свой перевод по подстрочнику. Конечно, в этом случае все должны понимать, что такой перевод, вообще говоря, еще дальше от оригинала. Объясняется это просто: здесь примешивается трактовка того, кто делает подстрочник.

Если переводчик хочет создать свой текст *по мотивам оригинала*, то это его дело, что он будет использовать. Он вполне может использовать и подстрочник. Но если текст заявлен как *перевод оригинала*, который, по идее, должен сохранять смысл, стиль, дух, ритм, пластику, цвет и запах оригинала, то использование подстрочника без знания языка оригинала – это уже самое злостное грехопадение в жанре перевода. И оправданием переводчику может быть только то, что он рассматривал такую деятельность как «халтуру», как способ заработать какие-то деньги.

О третьей группе переводчиков

Мой хороший приятель время от времени пишет стихи, которые почти никто не читает. Кроме, может быть, близких ему людей. И вот он решается переводить сонеты Шекспира. Имеет ли смысл такая его деятельность? Наверное, имеет. Но только в той же степени, что и вся остальная его поэтическая деятельность. Его переводы Шекспира будут читать только те, кто читает и другие его стихи. Уровень переводов будет примерно таким же, как и уровень всего прочего, что он пишет. Примерно, конечно.

Мой приятель получает удовольствие от того, что

переводит сонеты Шекспира. И, значит, хотя бы по этой причине его переводы имеют смысл. Но только для него самого и, может быть, для каких-то очень близких ему людей.

Переводы литераторов третьей группы, скорее всего, еще более далеки от оригинала (чем переводы литераторов второй группы), несмотря на то что делаются по мотивам оригинала. (Хотя, кто и как может измерить это различие?) А поскольку переводы всегда делаются в силу способностей переводящего, значит, и читать эти переводы будет примерно та же категория людей, которая читает и все остальные произведения переводчика. Значит, для них какой-то смысл эти переводы имеют. Однако, конечно же, нелепо ожидать, что такие переводы могут дать хорошее представление об оригинале.

Дальнейшие выводы

Я допускаю, что выводы, которые я делаю о поэтических переводах, могут восприниматься как посягательство на весь этот жанр, а также и на всю мировую переводную литературу. Хотя таких намерений у меня не было.

Я допускаю это потому, что, скажем, на заседании Миллбурнского клуба в ноябре 2021 года, где обсуждалась проблема переводов, его участники проявляли определенное беспокойство по этому поводу. Это было еще в тот момент, когда вопрос о том, дают ли переводы поэтических произведений адекватное представление об оригинале, только начал обсуждаться. Народ настаивал на том, что литература не может существовать без переводов. Что без переводов мировая литература выглядела бы совсем по-другому. И что мы все знакомимся с литературными произведениями во многом благодаря переводам. Ну и вроде бы неявно стало все определеннее озвучиваться мнение о том, что раз без переводной литературы жизнь литературная невозможна, значит, переводы все-таки дают осмысленное представление об оригинале.

Что можно сказать по этому поводу? Не по поводу логических оснований того, что было неявно озвучено. А про то, что мы знакомимся с литературными произведениями во многом благодаря переводам и что без этого литературная жизнь была бы совсем другой.

Да, миллионы читают переводную литературу. И среди такой литературы попадаются шедевры. Но попадается и то, что можно назвать емким словом «макулатура». Точно так же, как и среди непереводной, оригинальной литературы. Каждый волен читать то, что хочет. Но когда он читает перевод, то вполне может оказаться, что он читает макулатуру (с моей, скажем, и еще чьей-то точки зрения), даже если оригинал относится к шедеврам национальной литературы. А когда этот читатель берет в руки шедевр переводной литературы, ему неплохо бы понимать, что этот шедевр дает лишь частичное представление об оригинале.

Так может ли литература существовать без переводов? Я слышал мнение о том, что для любого литературного произведения отсутствие переводов на другие языки пагубно настолько, что оно не может без этого принадлежать к мировой литературе.

Вот с этим я бы определенно не согласился. Думаю, такое суждение ошибочно. И, чтобы убедиться в этом, надо посмотреть на переводимое произведение с двух сторон – со стороны оригинала и со стороны его перевода. Давайте так и поступим.

Разве только переводы Маршака ставят оригинальные произведения Бёрнса в разряд мировых? Нет, конечно. Бёрнс вписал свои произведения в сокровищницу мировой литературы непосредственно после того, как создал их. Ведь мировая литература – это совокупность всех национальных литератур с древнейших времен до современности. И, следовательно, отсутствие переводов никак не может вычеркнуть произведения Бёрнса из списка произведений мировой литературы. (Другой вопрос – как туда попал Бёрнс. И эту тему мы будем рассматривать в следующей главе.)

То же самое – и с произведениями Шекспира. Разве еще до того, как был сделан первый перевод Шекспира на другой язык, его произведения не получили даже самого скромного места в мировой литературе? И сколько надо было сделать переводов, чтобы творения Шекспира заслужили право быть частью мировой литературы? Какой по счету перевод передвинул туда произведения Шекспира? Может быть, это случилось только после того, как его сонеты были переведены Пастернаком?

Ответы на все эти вопросы очевидны. Произведения Шекспира попали в мировую литературу сразу (или почти сразу) после создания. И это никак не было связано ни с какими переводами его произведений. Напротив, переводы его творений делались только потому, что его имя уже принадлежало мировой литературе.

А «Евгений Онегин» сразу попал в мировую литературу после его создания? Или сначала надо было нескольким переводчикам перевести его корявыми словами на европейские языки?

Теперь посмотрим на все это со стороны перевода. Начнем оп1ять с перевода Маршаком Бёрнса. Что можно сказать об этом творении Маршака? Мне кажется это очевидным. Само его творение становится частью русской литературы и только таким образом входит в сокровищницу мировой литературы. А творение Бёрнса оно передвинуть в мировую литературу не может, поскольку Бёрнс уже давно там обосновался, еще до того, как Маршак впервые услышал его имя.

Многие, в подтверждение того, что поэтические переводы – вещь нужная, представляют на обсуждение свои переводы. Скажем, с русского на английский. Они указывают на очевидные несуразицы в переводах, сделанных до них. И показывают, как гораздо лучше и «правильнее» надо было бы соответствующее место перевести.

Потом они начинают читать свои переводы. Но их, быть может, довольно неплохие поэтические творения не находят достаточного отклика в англоязычной аудитории (напоминаю, я говорю сейчас о переводах с русского на английский). Хотя бы потому, что в такой аудитории несуразицы в предыдущих переводах не только не вызывают ожидаемой реакции, но не вызывают никакой реакции вообще. Поэтому чаще такие чтения устраиваются для аудитории, где родной язык русский И тогда автор перевода пытается интонацией повторять ритмику оригинала – в надежде, что в зале, где английский не родной, это вызовет положительные эмоции. Но, как сказал классик русского юмора, «такой перекос лица не убеждает». Вернее, поправимся мы, не должен убеждать.

О переводах в мировой литературе

Из чего состоит мировая переводная литература? Нам легче всего судить о переводной литературе на русском языке. Я уже говорил о стихах Бёрнса в переводе Маршака и о сонетах Шекспира в переводах Маршака и Пастернака. Это всё примеры работ переводчиков из первой группы. Они, конечно, не дают адекватного представления об оригинале. Но безусловно являются шедеврами переводной литературы на русском языке. Сколько еще можно назвать русскоязычных переводчиков, которые одарили нас своими шедеврами? Наверное, их все-таки единицы.

А сколько переводчиков из второй и третьей групп? Имя им – легион. Вот они, по крайней мере по численности, и представляют переводную литературу на русском языке. В советской России выходили большими тиражами переводы чукотских, таджикских, ненецких, африканских поэтов, а также поэтов из так называемых «стран народной демократии». Лучшее в этом океане переводов – работы талантливых поэтов «для куска хлеба». И хотя порой они делали это «на нервной почве», все же пытались, как говорил Чуковский, «воспроизводить в переводе улыбку – улыбкой, музыку – музыкой, душевную тональность – душевной тональностью».

А что можно сказать о переводах с русского на другие языки?

В Советском Союзе переводчиков, да и вообще литераторов, материально поддерживали вожди. (Послушных литераторов, конечно. Вожди очень хорошо знали, за что они платят.) Поэтому была какая-то ощутимая вероятность, что за перевод примется первоклассный поэт и результат окажется неплохим. Однако оплачиваемый государством заказ на перевод в нетоталитарной стране, наверное, не такое частое явление. И поэтому ожидать, что в разных странах мира сейчас переведут хорошо Пушкина, Мандельштама или Пастернака, – нелепо.

Корней Чуковский посетовал как-то на то, что удачных переводов на русский язык больше, чем переводов с русского языка. Вот что он сказал о переводе «Великого Гэтсби» на русский язык:

«Читаешь, радуешься каждой строке и думаешь с тоской: почему же ни в США, ни в Англии, ни во Франции не нашлось переводчика, который с такой же пристальной любовью и с таким же искусством перевел бы нашего Гоголя, Лермонтова, Грибоедова, Крылова, Маяковского, Пастернака, Мандельштама, Блока?»

Здесь интересно то, что в списке нет «нашего Пушкина». Видно, у Корнея Ивановича не поднялась рука написать о желании увидеть переведенной «душевную тональность» Пушкина.

И почему речь идет только о США, Англии и Франции? Если уж мы говорим о мировой литературе, то надо брать шире. Пусть воспроизведут душевную тональность нашего Маяковского в Китае, Японии, Индии, Южной Америке, Австралии, Новой Гвинее и Нигерии.

Сколько там языков насчитывают ученые? Две тысячи, шесть, шестнадцать? Ну вот для каждого из них трудно, что ли, найти хотя бы одного местного Блока, который переведет музыку нашего Блока на свой язык? Итого будет, скажем, шесть тысяч Блоков. Ну пусть шесть тысяч Пушкиных найти трудно. А шесть тысяч Мандельштамов можно будет сыскать по всему свету?

Ну, наверное, придется все-таки признать, что те, кто настаивают на глобальном расширении процесса перевода русской поэзии на языки мира, – они немного погорячились. Найти по всему миру шесть тысяч Мандельштамов вряд ли возможно. Наверное, все-таки те, кто погорячился, имели в виду не мировую литературу, а литературу стран (или языков), которые они по каким-то критериям считают «достойными представителями» других стран (языков). Наверное, они выбрали, скажем, основные европейские языки, а также наиболее «влиятельные» языки мира. И вот эти, скажем, 20 или 30 языков, как они, наверное, считают, и представляют мировую литературу.

Давайте попробуем оценить какое-нибудь известное издание переводов с русского языка на один из таких «влиятельных» языков. Я выбрал издание переводов на французский язык, которое вышло стараниями Эльзы Триоле – антологию русской поэзии XVIII–XX вв. – “*La poésie russe*”.

Вот что пишет об этой книге Василий Катанян (чтобы было понятно, о чем он говорит, скажу, что он ссылается на свое посещение загородного дома Эльзы Триоле и Луи Арагона после их смерти):

«Здесь большей частью создавала она <Эльза Триоле> свою знаменитую "Антологию русской поэзии", куда были отобраны лучшие стихи от Тредиаковского до Ахмадулиной.

Труд переводчика! Эльза Триоле в своей жизни переводила много, но перевод поэзии – при всей ее любви и приверженности к стихам – отнимает у нее много сил, она мучается, у нее опускаются руки, и все же она вновь садится к письменному столу, дабы "Антология" получилась достойной тех больших поэтов, которых она выбрала».

Насколько же удачным оказалось это издание? Выход книги был приурочен к встрече с советскими поэтами. Эта встреча, по свидетельству Гайто Газданова («Русская поэзия на французском языке»), происходила в огромном зале "*Mutualité*" и носила в большой степени политический характер. Ведь Эльза Триоле и Луи Арагон исповедовали коммунистические убеждения и были настроены просоветски. Тем не менее вечер собрал около трех тысяч участников. Французы читали русские стихи в переводе, а русские поэты читали их по-русски.

Василий Катанян оценивает это издание довольно высоко. Он пишет:

«Тридцать лет прошло, но лучше и полнее, чем "Антология" Эльзы Триоле, во Франции не появилась. И не одно поколение французских читателей, открывая этот том, приобщалось к вершинам русской поэзии».

Можно ли верить такой оценке? Конечно, можно. Ну, я имею в виду, правда, только первую часть свидетельства. Можно вполне поверить тому, что за тридцать лет никто стихи русских поэтов на французский язык лучше не перевел. А как относиться к остальному?

Те, кто никогда не задумывался, что такое перевод,

могли бы, наверное, поверить и второй части свидетельства Катаняна. Но вот что должно было бы их насторожить. Катанян в том же своем эссе об Эльзе Триоле пишет:

«Как она костерит по телефону и в письмах тех переводчиков, что она пригласила в помощь! Впечатление такое, что все они сговорились лениться, обманывать, скрываться, путать, болеть, жениться, разводиться, прятаться от жен и заодно от Эльзы, нарушать сроки, не подходить к телефону, выкручиваться, терять рукописи…»

Так значит, вот кто оказался достойным представлять вершины русской поэзии! Вот кто доносил лучшее из русской поэзии поколениям французских читателей! Значит, вот эти лентяи и путаники помогали Триоле в ее деле? Интересно, сколько среди этих обманщиков было поэтов с талантом Пушкина, Тютчева, Блока?

Нет, я склонен больше доверять свидетельству Гайто Газданова. Вот каковы его заключительные замечания об издании Эльзы Триоле:

«В книге помещена обстоятельная статья Эльзы Триоле о трудности переводов русских стихов на французский язык. Если бы вся антология была составлена для того, чтобы подтвердить неопровержимым образом эту истину, то тогда, надо сказать, издание это следовало бы считать блестящей удачей. Но если издательство Seghers *ставило своей целью дать французскому читателю представление о русской поэзии, то тогда нужно констатировать, что эта попытка кончилась неудачей. Иначе это быть не могло. Конечно, то, что Сурков или Соснора переведены плохо, – это не беда. Но когда речь идет о Пушкине, о Тютчеве, о Блоке, то, если допустить, что это русское поэтическое*

волшебство можно передать по-французски, их стихи должен был бы переводить прекрасный французский поэт, знающий вдобавок в совершенстве русский язык. В числе переводчиков антологии под редакцией Эльзы Триоле такого поэта нет».

К этому я добавил бы то, о чем уже говорил. Но скажу это еще раз. При самой большой удаче «прекрасный французский поэт, знающий вдобавок в совершенстве русский язык», все-таки никаким образом не смог бы передать по-французски «русское поэтическое волшебство» Пушкина, Тютчева, Блока. Хотя он мог бы создать поэтическое произведение на французском языке (по мотивам русского оригинала), которое тоже было бы наполнено волшебством, но волшебством другого типа по сравнению с русским оригиналом.

О переводе прозы

Я знаю, что по вопросам переводов поэтических произведений многие придерживаются взглядов, схожих с моими. Гораздо меньше тех, кто думает так же о прозе. И если вы спросите кого-то, читал ли он Гоголя или прозу Пушкина, то можете получить быстрый ответ: «Да, читал», – даже в том случае, если ваш собеседник читал только перевод.

Конечно, многое из того, что мешает адекватному переводу стихотворного произведения, при переводе прозаического произведения либо вообще отсутствует, либо, если и присутствует, то в гораздо меньшей степени. Но главное, пожалуй, то, что канва прозаического произведения, хотя и не является для него основополагающей, все-таки имеет гораздо больший вес по сравнению со стихотворным произведением.

Тем не менее и здесь составить четкое впечатление об оригинале на основании перевода невозможно. Однако неординарная проза, переведенная на другой язык, вполне может произвести большое впечатление на читателя. Тут существенно то, что неординарный стихотворный перевод требует участия талантливого поэта, тогда как неординарный прозаический перевод может быть сделан не обязательно талантливым прозаиком. И, как правило, таковым и не делается. А делается он чаще всего талантливым профессиональным переводчиком.

Однако вспомним, что говорил по этому поводу Набоков. В конце концов, его утверждение о том, что всякая великая литература – это феномен языка, а не идей, было сделано именно при обсуждении прозаических произведений Гоголя:

«Сначала выучите азбуку губных, заднеязычных, зубных, буквы, которые жужжат, гудят, как шмель и муха-цеце. После какой-нибудь гласной станете отплевываться. В первый раз просклоняв личное местоимение, вы ощутите одеревенелость в голове. Но я не вижу другого подхода к Гоголю (да, впрочем, и к любому другому русскому писателю)».

Вот что еще говорил Набоков о Гоголе:

«Мои переводы отдельных мест – это лучшее, на что способен мой бедный словарь; но если бы они были так же совершенны, какими их слышит мое внутреннее ухо, я, не имея возможности передать их интонацию, все равно не мог бы заменить Гоголя».

Помните, я говорил, что в книге Якова Клоца много рассуждений о переводах. Приведу еще одну цитату оттуда, принадлежащую Вере Павловой. Вот что она сказала о романе Сэлинджера «Над пропастью во ржи»:

«...это первая книжка, которую я прочитала по-английски. Но по-русски и по-английски – это две разные книжки».

И еще об одной старой проблеме перевода говорит Василь Махно (опять из книги Якова Клоца) – как переводить различные акценты:

«В пьесе "Кони-Айленд" я попытался изобразить речь представителей третьей волны и четвертой. И те и другие говорят по-украински – но это разные языки. Еще в этой

пьесе есть украинские бомжи, которые живут на Кони-Айленд и говорят между собой уже на нью-йоркском сленге. Пьеса переведена на польский, но даже по-польски на уровне языка эта специфика не ощущается. В черновом варианте пьесу перевели на немецкий, но и там возникает проблема: на каком языке должны говорить эти персонажи – на баварском диалекте или, может быть, на языке ГДР? Это очень сложно воссоздать в переводе».

А сейчас я хочу рассмотреть один пример. Вот отрывок на английском языке.

Fine snow began to fall, and then suddenly came down in big flakes. The wind howled, the snowstorm burst upon us. In a single moment the dark sky melted into the sea of snow. Everything was lost to sight.

"It's a bad look out, sir," the driver shouted. "Snowstorm!"

Давайте переведем этот отрывок на русский язык. У меня перевод получается таким.

Начал падать мелкий снег, а затем вдруг пошел большими хлопьями. Ветер завыл, буран начался внезапно. В один момент темное небо слилось с морем снега. Ничего не стало видно.

«Плохо дело, сэр, – закричал кучер, – буран!»

Вот в таком примерно виде весь нерусский мир читает Пушкина. И если вы думаете, что все дело в том, что я плохо этот отрывок перевел, то попробуйте перевести сами. Или попросите это сделать кого-нибудь, кому вы доверяете. Мне только интересно, получится ли у вас так же, как у Александра Сергеевича:

Пошел мелкий снег – и вдруг повалил хлопьями. Ветер завыл; сделалась метель. В одно мгновение темное небо смешалось со снежным морем. Все исчезло. «Ну, барин, – закричал ямщик, – беда: буран!»

Так же, как у Александра Сергеевича, у вас, наверное, все-таки не получится. Если, конечно, вы переводить будете честно. А не получится у вас так потому, что дело вовсе не в том, что пошел снег, и не в том, какими хлопьями он потом повалил, и даже не в том, что по этому поводу кто-то сказал или закричал. Дело в том, как именно об этом написано на национальном языке.

Сравнивая в моем примере слова и словосочетания английского и русского текстов, я замечаю большие различия. Эти различия проявляются как между английским языком в широком смысле (как я представляю себе английский национальный язык) и моим русским языком в узком смысле, так и между английским и русским языком в широком смысле (опять же – в моем представлении). Различия касаются многих слов и словосочетаний – как в отношении их значений, так и в отношении вызываемых ими ассоциаций.

И все-таки переводы прозаических произведений встречают не такую откровенно негативную реакцию, как переводы поэтических произведений. Я уже говорил, что одним из основных моментов здесь является то, что в прозаическом произведении нагрузка его канвы, общей идеи, несравненно больше.

К обсуждению проблем перевода прозаического произведения можно подойти с другой стороны. Попробуем рассмотреть два различных перевода на один и тот же язык какого-либо поэтического произведения. И то же самое попробуем сделать с художественным прозаическим произведением, а также с техническим и математическим текстами.

Для начала посмотрим, насколько различаются между собой два перевода поэтического произведения. Будем, конечно, предполагать, что за переводы взялись два маститых художника слова. Различия будут довольно сильными. (Об этом мы уже говорили, когда рассматривали переводы Маршака и Пастернака сонетов Шекспира.) А если кому-то покажется, что он может найти два очень похожих перевода, то это будут либо переводы текстов типа «Прасковьи дорогой», либо переводы с заимствованиями, которые могут быть даже не вполне осознаны самими переводчиками.

А как будут отличаться между собой переводы прозаического текста? И тоже будем предполагать, что за дело взялись два мастера своего дела. Отличия здесь не будут такими уж значительными. Но они все-таки будут.

Расхождения в таком эксперименте будут уменьшаться по мере того, как снижается эстетическая составляющая и возрастает идейная.

Что можно сказать о техническом тексте? Возможно, в предисловии и заключении и будут какие-то отличия. Но в основном тексте их окажется уже совсем мало.

А в математическом тексте? Думаю, что там расхождений практически не будет. А в формулах совпадение будет уже стопроцентным.

Я бы следующим образом ранжировал информационно-языковые потоки в различных сферах человеческой деятельности по степени трудности перевода. Ранжирую их в порядке уменьшения трудностей: хорошая поэзия, хорошая литература, прочая поэзия, прочая литература, гуманитарные науки, техника и бизнес разных сортов, естественные науки, точные науки, теоретическая физика, математика.

В заключение этого раздела хочу привести еще один пример перевода прозаического произведения (из концовки «Одного дня Ивана Денисовича»). Как перевести с русского на английский вот такой текст:

«Засыпал Шухов, вполне удовлетворенный. На дню у него выдалось сегодня много удач: в карцер не посадили, на Соцгородок бригаду не выгнали, в обед он закосил кашу, бригадир хорошо закрыл процентовку, стену Шухов клал весело, с ножовкой на шмоне не попался, подработал вечером у Цезаря и табачку купил. И не заболел, перемогся».

Вот как этот фрагмент переведен в книге издательства *Bantam Books* (в серии *Bantam Classics*):

"Shukhov went to sleep, and he was very happy. He'd had a lot of luck today. They hadn't put him in the cooler. The gang hadn't been chased out to work in the Socialist Community Development. He'd finagled an extra bowl of mush at noon. The boss had gotten them good rates for their work. He'd felt good making that wall. They hadn't found that piece of steel in the frisk. Caesar had paid him off in the evening. He'd bought some tobacco. And he'd gotten over that sickness."

Я это воспринимаю как насмешку над оригинальным текстом. Здесь уже почти каждое русское слово и словосочетание отличается от своего английского «эквивалента» как в отношении значений, так и в отношении вызываемых ассоциаций. А ведь подобные переводы как раз и являются составной частью мировой переводной литературы.

Однако же многие тысячи переводов прозаических произведений находят своих читателей. Значит, в них есть свой смысл. И все-таки забывать о том, что они далеко не адекватно представляют оригинал, не стоит.

Что говорят теоретики перевода

Существует большое число течений и школ по проблемам перевода. Образуются различного рода сообщества. Проводятся всевозможные семинары и конференции. Представители разных школ спорят друг с другом, ругаются потихоньку. Одни ругают буквальный перевод, другие – отклонения от него. А третьи претендуют на нахождение оптимального компромисса и, таким образом, на победу над теми и другими одновременно.

Написано невообразимое число работ, претендующих на то, чтобы называться теорией перевода. Дороги этих работ идут в основном в двух направлениях. Во-первых, их авторы приводят примеры плохих и, в противовес им, хороших (то бишь художественных) переводов. А во-вторых, они выдвигают требования к переводам. Как эти требования могут быть реализованы, они не говорят. И, может быть, догадываются, что реализация этих требований, вообще говоря, невозможна. Их требования порой напоминают мне те, которые сходили со страниц советской газеты «Правда»: увеличить зарплату трудящимся, повысить производительность труда, удовлетворить растущие общественные и личные потребности и т.п. Возможно, для кого-то они выглядят привлекательно. Но я не вижу в них никакого смысла.

Корней Чуковский, рассуждая о переводах поэтических произведений и говоря о том, что в них должно быть поменьше автора перевода и возможно больше автора оригинала без потери поэтического очарования подлинника, добавил:

«Именно таких переводов требует наша эпоха, ставящая выше всего документальность, точность, достоверность, реальность».

И в другом месте:

«...от художественного перевода мы требуем, чтобы он воспроизвел перед нами не только образы и мысли переводимого автора, не только его сюжетные схемы, но и его литературную манеру, его творческую личность, его стиль».

При всем моем уважении к Корнею Ивановичу я не вижу, каким образом эти требования могут помочь переводчикам и, в конечном счете, читателю. Предположим, мы все решили, что да, конечно, надо сохранять в переводе литературную манеру, творческую личность и все такое прочее. Ну и, конечно, душевную тональность оригинала. И что с этими чувствами мы должны делать дальше? Что с этим должен делать переводчик?

Советские и постсоветские теоретики перевода отличаются особым упорством и непреклонностью в деле формализации процесса перевода. Они требуют установления единых принципов перевода, без всяких исключений. Шаг вправо и шаг влево считают недопустимыми. Так что любой перевод, не удовлетворяющий единым принципам, по их мнению, не может считаться полноценным. Я слышал от них, что перевод не может быть не только хуже оригинала, но даже не может быть лучше оригинала. Это, мол, будет противоречить принципам перевода. Если он лучше, то, якобы, он не годится – надо переводить снова.

Почему-то, несмотря на огромное число течений и школ в переводе, вроде бы нет самой естественной теории: переводчик может переводить так, как ему хочется. Во всяком случае, такой подход серьезно не рассматривается никаким сообществом переводчиков. А ведь главное – чтобы перевод был эмоционально и художественно насыщенным. И еще читателю, может быть, интересно будет знать, старался ли автор перевода следовать оригиналу или его целью было создать переложение оригинального текста и он взял за основу только самую общую его канву. И здесь уже можно идти по накатанной дорожке. В первом случае автор обозначает свой текст как перевод и себя считает переводчиком. А во втором случае, как я уже говорил, может обозначить его как перевод по мотивам оригинала. А может сделать это и с помощью каких-то других слов. Например: «Распе Э. Р. Приключения барона Мюнхгаузена (пересказ Корнея Чуковского)».

Тем не менее все те, кто занимаются теоретическими проблемами перевода, продолжают спорить о том, какими дорогами надо идти, чтобы достигнуть желаемой близости перевода к оригиналу. Обладают ли они определенными знаниями о том, чем можно измерить эту близость? Они думают, что обладают. Я, правда, в этом сильно сомневаюсь. Однако они готовы это обсуждать и спорить до бесконечности, плохо понимая, о чем они сами говорят.

Означает ли все сказанное мной в этом разделе, что я являюсь противником всякого рода теорий перевода, различных сообществ, а также симпозиумов и конференций по переводам? Конечно, нет. Мне только не нравилось бы, если бы эта деятельность оплачивалась в моей стране из тех денег, которые взимают с населения в виде налогов. А во всех остальных случаях – я за то, чтобы каждый занимался тем, чем хочет. В добрый путь!

Корней Иванович Чуковский имел когда-то на перевод более свободный взгляд. Но потом почему-то от этого своего взгляда отошел. А мне как раз нравится эта его первоначальная позиция. Она была отражена в его дневниковой записи 1918 года:

«...была у меня жаркая схватка с Гумилевым. Этот даровитый ремесленник вздумал составлять Правила для переводчиков. По-моему, таких правил нет. Какие в литературе правила – один переводчик сочиняет, и выходит отлично, а другой и ритм дает и все, – а нет, не шевелит. Какие же правила?»

О присуждении премий по литературе

Как можно относиться к тому, что различные премии и почетные звания раздаются часто на основании переводов? Мне это представляется нелепым. Ведь если бы Флобер присуждал премии по литературе на основании переводов, то Пушкина он бы «прокатил».

Тем не менее этот момент (присуждение премий по переводам) обычно не вызывает ни у кого никаких осуждений.

Когда речь заходит о присуждении международных премий по литературе, то всегда приводят примеры присуждений таких премий Нобелевским комитетом. Ведь Нобелевские премии по литературе, как считают многие, – самые престижные. Никто никогда не говорит, что эти премии самые денежные. Все говорят, что они самые престижные.

Мы, выходцы из советской России, жили все в нищете. Ну и советской пропаганде не оставалось ничего иного, как выдвинуть лозунг «не в деньгах счастье!» И весь советский народ поголовно этот тезис впитал. Сначала – с молоком матери. А потом и с другими напитками. Особенно пренебрежительное отношение к деньгам было у так называемой советской интеллигенции. И вот почему-то те, кто всю жизнь повторяли слова «не в деньгах счастье», вдруг склонили головы (да еще в вопросах литературы!) перед денежными купюрами.

Сейчас эти бывшие советские, где бы они ни находились, тоже говорят о Нобелевской премии как о самой престижной. Потому, что изменили свое отношение к деньгам? Не относятся уже к ним с пренебрежением? Похоже на то. Хотя пока никто еще из живущих на этой земле не сказал нам, в чем престижность Нобелевской премии, кроме ее большого денежного вознаграждения. (Большого, по сравнению, конечно, только с другими премиями по литературе.)

С Нобелевской премией по литературе связано много спорных моментов. Говорят, что члены Нобелевского комитета забывают, какую премию они присуждают: по литературе или в области политики. Да, я бы с этим согласился. Конечно, политические мотивы играют здесь большую роль. Слышал я также, что многое зависит от пробивной силы самого автора - претендента на эту литературную премию. Не знаю, насколько это верно, но если автор не побеспокоится о себе, то шансов у него будет, наверное, меньше.

Есть еще один странный и даже удивительный (для тех, кто не знаком с релятивистской концепцией языка) момент: не очень ясно, кого Нобель завещал награждать своей премией по литературе. Уже более ста лет гадают, как трактовать одно заковыристое слово в его завещании. Современная трактовка этого слова сильно отличается от первоначальной. Говорят, что по этой причине Лев Толстой не был в свое время удостоен этой награды.

Однако мне кажется, что основной изъян в деле присуждения международных премий - совсем в другом. В массе своей члены комитета по присуждению премий не владеют языками произведений, которые они рассматривают. На основании чего же они делают заключение? У них есть только два источника: переводы и представления других людей.

Начну с присуждения премий за поэтические произведения. Перевод поэтического произведения абсолютно ничего не говорит о поэтическом таланте соискателя. Другими словами, присуждение Нобелевской премии в этом случае выглядит точно так же, как ситуация в известном анекдоте о Паваротти, заканчивающемся словами: «Нет, я его не слышал, но мне сосед напел».

Так вот, почти все, с кем мне приходилось общаться по этому поводу, считали, что несмотря на то, что Нобелевский комитет с произведениями литературных кандидатов знакомится, чаще всего, в переводах, его решения вполне правомочны. Почему? Потому что нобелевские лауреаты выбираются среди кандидатов, выдвинутых представителями национальных литератур. А им-то, мол, можно доверять. В каком смысле им можно доверять и как тогда надо выбирать среди всех кандидатов – эти вопросы обычно обходятся стороной.

Я пытаюсь оспорить такую точку зрения, приводя гипотетический пример жюри музыкального конкурса исполнителей, в котором нет ни одного человека со слухом. Тем не менее это жюри оценивает исполнительское мастерство, скажем, скрипачей и присуждает премии на основании мнений представителей национальных музыкальных организаций. Как можно относиться к решениям такого жюри? Ведь оно может доверять представителям национальных музыкальных организаций в той же степени, в какой Нобелевский комитет доверяет представителям национальных литературных объединений.

Этот мой пример вроде бы не вызывает всеобщего одобрения. В том смысле, что все считают, что это просто смешно, если жюри без слуха будет присуждать премии музыкантам-исполнителям. И несмотря на то, что музыкальное жюри без слуха – это полный аналог Нобелевского комитета с переводами, моя аналогия вроде бы моими оппонентами обычно не принимается.

А как насчет присуждения премий по литературе прозаикам? Опять же, члены Нобелевского комитета должны слушать отзывы и могут почитать перевод. Мне и такая процедура кажется очень сомнительной. Незнание членами комитета языка произведения, о котором они высказывают свои суждения, означает, что никто из них не жил жизнью народа, на языке которого это произведение написано. Так что (повторяю) эта процедура кажется мне очень сомнительной. Не такой вопиюще неправильной, как процедура присуждения поэтических премий, но...

...но однажды проблема повернулась к литературному сообществу неожиданной стороной. Была присуждена Нобелевская премия по литературе русскому писателю за произведение, которое он, по мнению многих, не писал.

Речь идет о романе «Тихий Дон», который считается одним из лучших произведений русской литературы. Спор об авторстве этого произведения идет с тех пор, как были напечатаны первые страницы романа в 1928 году. Эти споры не закончены и в настоящее время.

Есть несколько версий авторства романа. Самая первая

из них – большевицкая, которая сразу же вызвала большие сомнения и возражения в писательской среде. Сомневающиеся приводили свои доводы, которые звучали довольно весомо. Большевики привели только один довод, который оказался весомее всех других вместе взятых. Они заявили, что будут привлекать к судебной ответственности сомневающихся в авторстве их кандидата. На простом языке это означало расстрел, и споры об авторстве сразу же прекратились.

В середине 70-х годов споры возникли вновь. Сомневающиеся изучали «Тихий Дон», стараясь найти всё новые подтверждения своих гипотез. Сторонники большевицкой кандидатуры обычно говорили: «Как можно сомневаться в авторстве нашего прославленного писателя, если у сомневающихся нет никаких доказательств?» И те, кто сомневались, почему-то робели и не отвечали своим оппонентам, что сомневаются как раз именно в тех случаях, когда доказательств нет.

А еще сторонники большевицкой кандидатуры почти в обязательном порядке вспоминали (и вспоминают по сей день) о презумпции невиновности. Трудно сказать, что они имеют в виду. Возможно, они считают, что на это дело можно посмотреть как на обвинение большевицкого кандидата в плагиате. И тогда, мол, на нем как на обвиняемом (или на его защитниках) не лежит обязанность доказать свою невиновность; вместо этого обвинители должны доказать вину обвиняемого.

В таком случае, как мне кажется, сторонники большевицкого кандидата неправы. Потому что разными исследователями уже опубликовано очень много доводов против их кандидата. И для меня, например, они выглядят очень вескими. Так что я бы принял на данный момент позицию противников большевицкого кандидата. Хотя их доводы и не кажутся мне стопроцентными, а просто очень убедительными.

И вот тут я начинаю думать, что те, кто говорят о презумпции невиновности, на самом-то деле имеют в виду степень достоверности доводов. Может быть, они требуют стопроцентных доказательств? Или хотя бы доказательств по формуле «вне всяких рациональных сомнений»? Если это так, то и тогда я их не понимаю. Не понимаю потому, что требования к различным кандидатам на авторство должны быть симметричными. Если мы настаиваем на стопроцентных доказательствах для одного кандидата, то, по справедливости, должны требовать того же и для любого другого кандидата.

На самом деле исторически ситуация с различными кандидатами на авторство никогда не была симметричной. У сторонников большевицкого кандидата были большие преимущества. Их труд оплачивался государством. Противники их кандидата рисковали жизнью. К тому же большевики, как известно, тщательно уничтожали все неугодные им улики. Тон в этом деле задавал их высший орган власти, заседания которого проходили, как правило, без протоколов. Плюс к этому в их практике большое распространение получило уничтожение архивов. Именно поэтому мне трудно понять все эти разговоры большевиков по поводу презумпции невиновности. Я бы скорее понял тех, кто на все их деяния смотрит сквозь призму «презумпции виновности».

Почему я привожу эту историю здесь, в моей книге?

По нескольким причинам. О первой я уже сообщил в начале этого раздела: мне не нравится, что члены комитета по присуждению премий не знают языка произведения, которое они рассматривают. Прочтение ими перевода «Тихого Дона» должно напоминать разглядывание черно-белой репродукции шедевра живописи. В случае с «Тихим Доном» знание русского языка имело бы особый смысл. Мне кажется, что если бы члены Нобелевского комитета владели русским языком, то было бы достаточно показать им всего лишь какой-нибудь одноминутный фрагмент из выступления этого большевицкого писателя. И, думаю, у них сразу возникли бы большие сомнения в авторстве «Тихого Дона». Но члены Нобелевского комитета не владели русским языком. А перевод не может заменить живую речь. В самом деле, далеко не все переводы содержат примечания такого рода: «Вот в этом слове писатель сделал неправильное ударение. А вот это слово не принято употреблять в современном литературном языке».

Есть и еще один момент. Тот факт, что члены комитета не жили жизнью России, имеет дополнительное отрицательное значение в случае с «Тихим Доном». Вряд ли они знали о тех «легендах», которые ходили в народе о большевицком писателе. Например, о казусах во время его публичных выступлений (или, говоря языком того времени, «закрытых публичных выступлений»). Когда писателя спрашивали: «Каково ваше эстетическое кредо?», он густо краснел и после некоторой паузы отвечал бранью. А на вопрос о том, какой современный писатель ему нравится, наоборот, отвечал очень быстро и без тени сомнения: «Пушкин».

Если бы члены Нобелевского комитета дышали

воздухом России, то они бы всё это знали. И, возможно, захотели бы тогда иметь какие-то подтверждения авторства до того, как они решили вопрос о присуждении премии.

Есть еще одно обстоятельство в этом деле. Многие сейчас говорят, ссылаясь на опубликованные результаты группы скандинавских исследователей, что ими доказано авторство большевицкого писателя с помощью компьютеризированных статистических методов. Говорят это по чистейшему недоразумению. Никаких таких доказательств нет и, осмелюсь заметить, быть не может на том пути, который избрали скандинавы. И здесь мне еще раз хочется вернуться к проблеме доказательств с помощью математико-статистических методов. Люди очень часто неправильно понимают математиков-статистиков, когда те пытаются сказать свое слово в какой-то посторонней для них области. Еще хуже обстоят дела, когда статистическими методами занимаются непрофессионалы. Однако иногда и сами математики дают тут маху. Дело осложняется еще и тем, что результаты научных исследований доносятся до простых людей журналистами. В этом случае уже имеется несколько каналов искажения. Канал первый: как сам ученый понял, какое практическое значение имеют его исследования. Канал второй: как он перевел на простой язык это свое понимание. Канал третий: как понял его журналист. Канал четвертый: как журналист изложил это в газете.

Еще хуже, если ваш знакомый рассказывает вам о том, что он прочитал где-то в газете. Здесь сразу добавляются два канала: как ваш знакомый понял газетную статью и как он изложил вам свое понимание о ней. Поэтому мой вам совет: если хотите знать правду о каких-то конкретных исследованиях, знакомьтесь с материалами этих исследований непосредственно. Если вы не можете в них разобраться, то ваше дело худо. Можете, конечно, обратиться за разъяснениями к профессионалам. И если толку вы от них и не добьетесь (потому что их понять будет столь же трудно), то явных глупостей, по крайней мере, не услышите. Что не так уж и плохо.

Об авторском переводе

Самый первый пример авторского перевода относится к случаю, когда известный автор, мэтр литературы, переводит сам себя и оба языка являются для него родными. (В этом смысле Набоков дает нам очень редкий пример.) В таком случае переводы, безусловно, осмысленны. Но только потому, что они будут представлять «читаемое» произведение на языке перевода. Однако они не могут представлять оригинал в полной мере.

Думаю, что «Лолита» на русском языке и *"Lolita"* на английском – это разные произведения. Хотя бы потому, что английский Набокова был все-таки беднее русского. Сужу я об этом по высказыванию самого Набокова:

«Мой английский, конечно, гораздо беднее русского: разница между ними примерно такая же, как между домом на две семьи и родовой усадьбой, между отчетливо осознаваемым комфортом и безотчетной роскошью».

Или – в другом месте:

«Личная моя трагедия <…> – это то, что мне пришлось отказаться от природной речи, от моего ничем не стесненного, богатого, бесконечно послушного мне русского слога ради второстепенного сорта английского языка…»

Можно слышать высказывания о том, что авторские переводы Набокова опровергают его же заключения о невозможности адекватных переводов. На заседании

Миллбурнского клуба в ноябре 2021 года этот момент обсуждался также. В частности, высказывалось мнение, что перевод его собственного стихотворения «К моей юности» (“*To My Youth*”) – это доказательство того, что адекватный перевод возможен.

Каковы основания для такого утверждения? Трудно даже представить, какими они могут быть. А что если бы было известно, что автор того же самого перевода “*To My Youth*” не Набоков, а кто-то другой? Что-нибудь изменилось бы в логике этого утверждения? Нет, ничего не изменилось бы. И тогда получается, что на основании перевода другим автором тоже можно было бы сказать, что адекватный перевод возможен? Почему вдруг? Короче – логика всего этого мне представляется несостоятельной.

Какой текст может получить лучшую оценку читающей публики при авторском переводе? Ответ на этот вопрос очевиден. Если один из этих текстов принадлежит к шедеврам литературы, то почти наверняка это будет текст на наиболее богатом для автора языке. Если же ни один из этих текстов не будет близок к шедевру, то возможны оба варианта.

Если оригинальный вариант не просто хорош, а супер-хорош, то вероятность того, что у самого автора получится супер-хороший перевод, значительно уменьшается.

Вот пример почти такой же оценки самоперевода, сделанной Ириной Машинской (из уже цитированной книги Якова Клоца):

«В моей жизни был забавный эпизод, когда с 2006 по 2008 год я училась в New England College по программе Master of

Fine Arts по поэтике. <…> Тогда я много писала по-английски. Но, будучи катастрофическим procrastinator, а по-русски говоря – волынщиком, когда подпирал срок и надо было что-то сдавать, я быстренько переводила на английский какое-нибудь свое старое русское стихотворение, которого было не жалко. То есть я его переписывала. Довольно грустное это было занятие, но в каком-то смысле увлекательное. Оно и убедило меня в том, что самоперевод возможен лишь как пересочинение. Потому что если стихотворение приличное, то его невозможно перевести. А если стихотворение перевести можно, то оно, как правило, не очень хорошее. Я брала свои самые нелюбимые стихи и переводила».

И еще одна цитата из той же книги Якова Клоца. Полина Барскова на вопрос: «Что ты чувствуешь, когда читаешь или слушаешь переводы своих стихов на английский?» – ответила, в частности:

«Конечно, это не я, но какие-то аналоги меня. Вообще сам процесс работы с переводчиком гораздо полезнее, чем ознакомление с результатом».

Мой личный опыт перевода моего текста с русского на английский говорит о следующем. Конечно же, мой русский язык намного богаче моего английского. Поэтому перевод будет, безусловно, хуже оригинала. В том смысле, что, по всей видимости, его воздействие на англоязычного читателя будет слабее. И это если даже не учитывать различие в эстетическом мировоззрении русскоязычного и англоязычного читателей.

Однако же этот перевод делается мной. И это означает, что он вполне может оказаться лучше, чем перевод ординарного (пусть даже профессионального) переводчика.

А что получится в том случае, если я буду работать с таким переводчиком? Это, наверное, будет лучший вариант авторского перевода. Но когда я читаю такой перевод, то могу сказать примерно то же самое, что и процитированная мной Полина Барскова: это не я, но что-то очень похожее на меня.

О таланте переводчика

Должен ли переводчик иметь талант единой природы с талантом выбранного им автора? Набоков считал, что должен. И такое мнение кажется естественным. Так думают практически все. Во всяком случае, многие. И я с этим, конечно, согласен. В том смысле, что я согласен с тем, что все (или многие) так думают.

Но я все-таки думаю иначе. Но сначала хочу процитировать Набокова. Вот что он пишет:

«Теперь уже можно судить, какими качествами должен быть наделен переводчик, чтобы воссоздать идеальный текст шедевра иностранной литературы. Прежде всего он должен быть столь же талантлив, что и выбранный им автор, либо таланты их должны быть одной природы. Во-вторых, переводчик должен прекрасно знать оба народа, оба языка, все детали авторского стиля и метода, происхождение слов и словообразование, исторические аллюзии. Здесь мы подходим к третьему важному свойству: наряду с одаренностью и образованностью он должен обладать способностью к мимикрии, действовать так, словно он и есть истинный автор, воспроизводя его манеру речи и поведения, нравы и мышление с максимальным правдоподобием».

Мне представляется, что эти положения находятся в некотором противоречии с другими высказываниями Набокова. С одной стороны, он считает, что не только поэтический, но даже и прозаический перевод не может быть сделан идеально. А с другой стороны, дает рекомендации по идеальному переводу.

Остается только понимать Набокова так: идеальный перевод великих произведений литературы невозможен; но если переводчик взялся за перевод, то его подход должен соответствовать набоковским идеям.

И тогда, конечно, хочется уже с Набоковым согласиться во всем остальном. Во всем, кроме, быть может, вопроса о таланте переводчика.

Пусть, скажем, речь идет о переводе поэтического произведения. Почему переводчик обязательно должен иметь талант единой природы с талантом выбранного автора? А талантливее он может быть? Может, конечно. И ничего плохого в этом нет.

А может он быть менее талантливым? Может, например, лучший поэт какой-нибудь, скажем, европейской страны, оказаться менее талантливым, чем Пушкин? Наверное, может. Может он взяться за перевод Пушкина? Почему нет? Он создаст нечто в силу своего таланта по мотивам произведения Пушкина. И если его творения нравились многим в его стране, то, наверное, будет нравиться и его последний опус по мотивам произведения Пушкина.

Теперь о переводах прозы. Простой пример. Мы, русские читатели, знаем целую плеяду замечательных переводчиков Хемингуэя. Кто-нибудь из них обладал талантом самого Хемингуэя? Думаю, вряд ли о ком-то из них такое можно было бы сказать. Хотя талантами они, безусловно, обладали. Каждый – своим. Но все-таки их таланты и талант Хемингуэя были совсем разными.

Так что таланты автора и переводчика, конечно, не обязательно должны быть одной природы.

Ну, а в остальном можно теперь согласиться с Владимиром Владимировичем?

Конечно, можно.

Но это было бы не совсем правильно. Потому что как-то не очень хочется соглашаться с ним по поводу «способности к мимикрии». Хочется немного возразить. Особенно применительно к переводам поэтических произведений.

Если уж мы пришли к выводу, что идеальный стихотворный перевод невозможен, то зачем же надо настаивать на мимикрии? Почему бы не развязать переводчику руки? Пусть уж он тогда идет своей дорогой. И если «вместо того чтобы облечься в одежды автора, он наряжает его в собственные одежды» (это то, против чего предостерегал Набоков), то не стоит упрекать его в этом. Тем более если он объявил свое творение как произведение по мотивам оригинала.

Основные тезисы о переводах

Теперь я хочу коротко суммировать сказанное о переводах и представить свои заключительные положения. Они будут следовать примерно в том же порядке, в каком обсуждались. Итак, основные выводы.

- Адекватный перевод поэтических произведений принципиально невозможен.
- Так называемые «удачные переводы» стихотворных произведений представляют собой по существу творения неординарных авторов, выполненные по мотивам (на основе) оригинала. Так что два перевода одного и того же поэтического произведения, выполненные независимо друг от друга, будут сильно различаться.
- Перевод всегда делается в силу таланта переводчика. Все переводы шедевров национальной поэзии (включая антологии поэзии), выполненные не первоклассными литераторами, в большой степени бессмысленны.
- Шедевры мировой литературы состоят только из шедевров национальных образцов - сюда включаются, в частности, шедевры переводной литературы.
- Авторский перевод в такой же мере, как и любой другой, не может дать адекватного представления об оригинале.

- Перевод прозаического произведения имеет, вообще говоря, больший смысл, чем перевод поэтического произведения. Однако и прозаический шедевр литературы, будучи переведен на другой язык, не может составить адекватного представления об оригинале.
- Тот, кто «выучил язык» для того, чтобы читать оригинал вместо перевода, как правило, не достигнет своей цели и не воспримет в полной мере текст оригинала.
- Международные премии по литературе присуждаются только на основании переводов, зависят от настойчивости и энергии национальных представителей и потому во многом бессмысленны.

И, наконец, последнее заключение о переводах, которое для многих будет иметь позитивную окраску и тем самым как-то сгладит возможное неприятное ощущение от остального моего текста.

- Формулы в математическом (или математизированном) тексте переводятся на другой язык, как правило, адекватно.

ГЛАВА ЧЕТВЕРТАЯ

РЕЛЯТИВИСТСКАЯ КЛАСТЕР-МОДЕЛЬ ПРЕДПОЧТЕНИЙ

– Daddy, do you like the colors of my umbrella?

– It's all different colors, son.

Из разговора на пляже

Введение

Мысль о том, что восприятие прекрасного может быть субъективным, возникла еще у древних. Эта точка зрения, не став особенно популярной, тем не менее занимала умы многих философов и даже нашла свое отражение в пословицах на разных языках народов мира.

В этой главе я представляю еще один взгляд на проблему. Его основой послужило мое эссе, опубликованное в ежегоднике «Страницы Миллбурнского клуба» за 2012 год. А оно, в свою очередь, стало откликом на дискуссию в Миллбурнском литературном клубе, где обсуждался подход к оценке поэтических произведений. Моя публикация, однако, носила более общий характер. Все ее положения могут относиться не только к оценке поэзии, но и к любому художественному произведению, а также к любому предмету или явлению, не поддающемуся количественному анализу.

Все оценки, которые мы когда-либо делаем, являются относительными. Скажем, вчера я был на концерте выпускников музыкальной школы, а сегодня – на международном конкурсе скрипачей. И вчера мне очень понравился один из скрипачей. А сегодня мне понравилось выступление участника из Англии, но не понравился скрипач из Франции. Вечером я рассказывал об этом своей жене. И хотя игра скрипача из Франции была несравненно лучше игры выпускника школы, я все же сказал жене, что выпускник мне понравился, а француз – нет. Потому что мои «нравится» и «не-нравится» были относительными. Я неявно сравнивал скрипача школы с другими выпускниками. А игру скрипача из Франции я неявно сравнивал с игрой скрипача из Англии.

Это обстоятельство надо иметь в виду во всех случаях, когда мы будем говорить о наших оценках или предпочтениях.

В том случае, когда существует количественная оценка того или иного предмета или явления, всякие споры о его оценке не очень продуктивны. Скажем, люди могут немного поспорить о том, холоднее ли сегодня вода в океане, чем вчера. Кто-то может сказать, что она холоднее, а кто-то – что она теплее. Но все споры заканчиваются тогда, когда мы измерим температуру воды количественно. И если окажется, что температура сегодня 76 градусов, а вчера была 78 градусов, то все споры сразу должны прекратиться.

Далее будут обсуждаться вопросы оценки того, что не может быть измерено количественно. Хотя, для простоты изложения, я буду говорить об оценке какого-то художественного произведения. И начну с оценки произведений литературных.

Я думаю, можно сказать, что литературой мы называем

то, что связано не столько с идейным или описательным содержанием, сколько с содержанием эстетическим. Хотя, конечно, не все меня поддержат в этом. Литературные произведения принимаются по-разному разными людьми. Есть немало людей, которые ожидают найти там описания познавательных историй. Другие – то, что поразило бы их воображение. Третьи – что-то совсем другое. И все-таки многие считают эстетическое воздействие литературы самым главным. Что такое эстетическое литературное воздействие?

Прежде всего, – это воздействие, которое оказывает на человека литература. Это несомненно. А вот дальше объяснение буксует. По крайней мере, у меня. Хотя я не сомневаюсь, что можно найти великое множество людей, которые вам расскажут о чувственном восприятии и дадут все необходимые пояснения, практически не задумываясь. А я могу только привести здесь аналогии, которые, как мне кажется, помогут понять, что я имею в виду под эстетическим воздействием литературы.

Аналогами эстетического воздействия литературы для меня являются эстетические воздействия живописи и музыки. Однако же я мало что могу сказать о том, каким образом они оказывают влияние на человека.

Вот одна моя знакомая, делясь недавно со мной своими впечатлениями о симфоническом концерте, сказала, что оркестранты играли с максимальной самоотдачей, но без излишней суеты и продемонстрировали самоотверженную открытость залу. И добавила, что дирижер управлял оркестром с вниманием к деталям и авторскому замыслу, с постоянным и настойчивым поиском красок. И что ему удалось в полной мере охватить контуры всего произведения. Еще она сказала, что у нее все время было твердое ощущение соучастия и сопричастности происходящему и она покидала зал с переполняющим ее чувством радости общения. Вот эта моя знакомая смогла бы, я думаю, дать вам подобающее объяснение очень легко.

Литературные произведения создаются на языке – чаще всего на литературном. Поэтому литературная, или эстетическая, функция языка является как бы его надстройкой. И поэтому вроде бы можно было ожидать, что мы сможем без особого труда получить выводы об уникальности эстетических литературных представлений любого индивидуума как следствие выводов предыдущих разделов. Однако я предвижу возражения со стороны дотошных читателей. Они могут сказать, что эстетическое восприятие имеет настолько общий характер, что не будет зависеть от языка, на котором литературное произведение написано. И чтобы мне не вступать с ними в спор, я попробую найти прямые доводы для своих выводов. Заодно, надеюсь, на этом пути я смогу получить для них бóльшую общность.

Объективное и субъективное в оценке

Для начала попытаемся ответить на следующие два вопроса. Сколько объективного и субъективного в оценке того или иного произведения каким-то индивидуумом? Что такое вкус (скажем, художественный или, в частности, литературный)?

На самом деле ответ на первый вопрос позволит разумно подойти и к ответу на второй вопрос. Потому что вкус человека полностью определяется тем, как он оценивает все, что его окружает.

Я знаю многих людей, сторонников положения об объективности прекрасного. Они считают, что понятие прекрасного – это нечто объективное, данное нам свыше. Есть, мол, некоторая внутренняя красота каждого произведения. А все, что зависит от нас, – это только понять эту внутреннюю красоту или не понять. И тогда тот, кто может постичь красоту прекрасного (или «некрасоту» чего-то второсортного, третьесортного и т.д.), тот и обладает хорошим вкусом. В этом состоит первый подход к проблеме – объективизм.

Я собираюсь привести несколько примеров, которые опровергают положение об объективности в оценке произведений. Математики утверждают, что одного отрицательного примера (или, как они говорят, контрпримера), противоречащего какому-то утверждению, вполне достаточно, чтобы доказать его неправомерность. Поэтому я не буду давать здесь полный исторический обзор событий и явлений, которые указывают на неправомерность объективизма. Нескольких контрпримеров, как я полагаю, будет вполне достаточно.

В противоположность объективизму существует второй подход – субъективизм. Его сторонники поддерживают положение о субъективности оценок. Они считают, что по каким-то причинам существует что-то вроде моды на все. И эта мода не только сама собой пассивно приспосабливается к окружающей действительности. Сторонники субъективизма указывают нам на группы людей, которые искусственно подправляют естественные течения в моде и в своих творческих мастерских разрабатывают модели на следующий год.

А на следующий год и сторонники абсолютного в эстетике, и приверженцы релятивизма будут искренне считать новые модели эстетически совершенными. Но только сторонники релятивизма будут при этом осознавать, что именно изменения (в том числе и искусственные) в моде оказали на них такое влияние. Таким образом, различие между этими двумя группами заключается лишь в том, как они относятся к эстетическим представлениям других людей и своим собственным.

Сторонников абсолютного в эстетике можно легко определить по их замечаниям о плохом вкусе или неправильной эстетической позиции других людей. А поскольку так говорят почти все, то вроде бы получается, что сторонников абсолютного – подавляющее большинство.

Сторонники относительного в эстетике, которые говорят нам, что существует мода не только на одежду, но и в изобразительном искусстве, музыке, литературе, приводят такие примеры. Какой-то дом мод или сообщество людей (которому по какой-то причине люди склонны доверять) пришло к мысли, что в этом году людям должны нравиться, скажем, длинные юбки. И всем постепенно начинают нравиться длинные юбки. Или в каком-то сообществе (которому также люди склонны верить) считается, что картины Леонардо да Винчи – шедевры. Поэтому и всем людям нравятся его картины. Или, по крайней мере, все верят в то, что картины Леонардо да Винчи – шедевры.

Сторонники субъективизма могут придерживаться этого подхода безоговорочно или с некоторой оговоркой. Оговорка эта состоит в том, чтобы считать, что в оценке произведения какая-то часть может принадлежать объективной составляющей.

Я не знаю, получает ли индивидуум от рождения какие-то эстетические представления. И я не знаю никого, кто бы сказал что-то убедительное по этому поводу. Тем не менее мы должны допускать такую возможность. Те сторонники субъективизма, которые более осторожны в своих высказываниях, считают, что субъективная составляющая является доминирующей и сильно влияет на оценку произведения, но какие-то объективные характеристики вполне могут также существовать. Позицию таких сторонников субъективизма я и буду защищать в этой главе.

Что можно сказать о рассматриваемых двух подходах? Кто прав – сторонники абсолютного или относительного в эстетике? Ну, утверждать что-либо уверенно в нашем непостижимом мире нельзя. Но мне показалось бы все-таки странным, если бы вдруг в вопросах одежды мы были так подвержены влиянию моды, а в других – сохраняли приверженность каким-то неизвестным идеалам. Таким образом, первый довод в пользу моды и, следовательно, относительности эстетических представлений приходит к нам из общих соображений.

Второй довод в пользу релятивизма связан с рассмотрением того, насколько человеческое общество в целом подвержено изменениям в эстетических оценках. Не так уж давно о стихах без рифм и размера, музыке без мелодии или картинах без сюжета никто даже и не помышлял. Сейчас это уже вполне освоено. И никто уже не удивляется самому факту существования подобных областей.

Не очень относится к теме моего труда, но хочется вот что заметить. Многие сейчас думают, что для новаторства больше не осталось никакого простора. Таким людям я предложил бы попробовать писать музыку без звука, а литературные произведения – без слов.

Однажды, когда я делился подобными мыслями в компании малознакомых людей, один представительный мужчина заметил, что я, вероятно, так говорю потому, что мне не нравятся абстрактные картины, современная поэзия и современная музыка. Но это еще не значит (я продолжаю цитировать представительного мужчину), что они не нравятся никому. Вкусы, мол, бывают разные. Одни любят одно, другие – другое.

И я немедленно с ним согласился. И мне даже захотелось его обнять по-дружески, потому что я тоже считаю, что вкусы бывают разные. Единственное, что удержало меня от этого дружеского жеста, так это то, что мне было непонятно, почему мой оппонент решил, что мне не нравятся абстрактные картины и все такое прочее. И я сказал ему тогда, что получил достаточно хорошее образование. Ну, в том смысле, что мне с самого раннего детства внушали и вколачивали любовь ко всем этим невозможно прекрасным вещам. И я уже давно без ума от всего их немыслимого совершенства. И дело не в том, люблю я что-то или не люблю. Моя мысль заключается в том, что человеческое общество в целом подвержено изменениям в эстетических оценках. И это, безусловно, говорит в пользу релятивизма.

Предположим теперь, что понятие прекрасного – это нечто объективное (данное нам свыше). Если бы это положение было верным, то можно было бы ожидать единства всех людей в их оценках. Но такого нет в реальной жизни. Одни и те же произведения, будь то литературные, музыкальные или какие-то другие, вызывают разные отклики у разных людей. Это соображение является одним из основных доводов сторонников субъективизма, подтверждающим их правоту.

Я предполагаю, что сторонники объективизма могут привести какие-то аргументы, оправдывающие разногласия среди неоднородного состава населения. Поэтому я хочу обратиться к более узкому подмножеству людей. И предлагаю посмотреть, есть ли принципиальные разногласия в оценке, скажем, литературных произведений среди литераторов. Оказывается, такие примеры легко привести. Вот они.

Льву Николаевичу Толстому очень не нравился

Шекспир. Лев Николаевич в различные периоды своей жизни по-разному относился к Пушкину и не любил Тургенева. Тургенев не любил Льва Николаевича. Пушкина не выносил Федор Сологуб. Пастернак не любил Хлебникова, Багрицкого, Мандельштама и Гумилева. Гумилева не любили также Брюсов и Вячеслав Иванов. Пастернака не любили Набоков, Волошин, Андрей Белый и Ходасевич. Достоевского не любили Горький, Некрасов, Щедрин, Набоков и Бунин. А Набоков не любил Бунина. Бунин не любил Блока, Бальмонта, Сологуба, Вячеслава Иванова, Брюсова и Андрея Белого. Бродский не любил Евтушенко, Платонова, Бабеля, Булгакова. Ахматова тоже не любила Евтушенко, а также не любила Георгия Иванова, Брюсова, Заболоцкого, Есенина, Чехова. Чехова также не любила Цветаева. Андрей Белый не любил Мандельштама. Мандельштам не любил Андрея Белого.

О чем говорят эти примеры? Не правда ли, они опровергают положение об объективно прекрасном? Действительно, что же это за объективно прекрасное, если оно недоступно пониманию мэтров литературы?

Другой пример относится к живописи. Поначалу ценители живописи относились к французскому импрессионизму отрицательно. А сейчас, кажется, никто не сомневается, что французские импрессионисты принесли миру нечто прекрасное.

Такие же примеры легко найти и в музыке: то, что отвергалось многими ценителями, вскоре становилось повсеместно признаваемыми шедеврами.

Существуют ли примеры, когда кто-то сначала нравился ценителям, скажем, литературы, а потом забывался? Конечно, такие примеры есть. В начале XX века имя Константина Дмитриевича Бальмонта было известно всем в России, неравнодушным к поэзии. На его выступления билет было достать практически невозможно. Сотни исследователей изучали его творчество. А сейчас Бальмонта мало кто знает даже среди увлекающихся поэзией. И таких примеров можно привести много и из разных областей.

Есть еще один момент, на который следует обратить внимание. Когда вас спрашивают, любите ли вы «Мону Лизу», у вас нет никаких других вариантов, кроме положительного ответа. Правда, в последнее время народ стал немного хитрить. Наум Коржавин в эссе об Иосифе Бродском заметил, что можно слышать высказывания такого типа: «Мне поэт *NN* не близок, но я понимаю, что он гениален». Коржавин назвал такую формулировку фразой от лукавого. И в этом я с ним вполне согласен.

Коржавин также добавил, что если поэт тебе не близок, то ты не можешь знать, гениален он или нет. А с этим я, кстати, не очень согласен. Хотя, как это часто бывает и как следует из духа раздела «О взаимопонимании» второй главы, это несогласие, возможно, связано с неоднозначным толкованием слова «знать». Если оно в этом контексте близко к слову «понимать», тогда я с этим утверждением соглашусь. Потому что если поэт тебе не близок, ты не можешь добавить свою лепту к суждению о его гениальности. А если слово «знать» в данном контексте означает обладание определенной информацией, то в этом смысле ты вполне можешь знать, что поэт признается многими как гениальный, даже если он тебе не близок.

Но это не очень существенная деталь. Я просто хотел

подчеркнуть, что естественная человеческая робость часто маскирует значительные различия во вкусах.

Теперь уже становится очень похоже на то, что сторонники второго подхода – субъективизма – во многом правы. Получается так, что эстетические понятия и предпочтения приобретаются индивидуумом в течение его жизни (а не даются ему от рождения) и очень зависят от окружающей его среды.

На самом деле это и не должно нас удивлять.

Попробуем еще раз идти тем же путем, которым мы шли в разделе «Язык индивидуума» первой главы книги. Ответим сначала на вопрос: приобретаются ли индивидуумом какие-то эстетические понятия в течение его жизни? Так же, как и ранее, заметим, что у новорожденного младенца эстетических понятий мы не обнаруживаем. Маленький ребенок может их проявить в определенной ситуации. Взрослый человек проявляет их уже довольно часто. И так в течение всей жизни человек подвергается влиянию окружающей среды на формирование своего эстетического кредо. Различия в окружающей среде приводят к различиям в эстетических представлениях у разных индивидуумов.

Я вполне допускаю, что тот, кто дочитал мою книгу до этого места, может мне возразить следующим образом. То, что я сказал, не обязательно доказывает, что положение об объективно прекрасном неверно. Возможно, может сказать мой читатель, дело обстоит так, что то самое объективно прекрасное, которое заложено в человеке свыше, проявляется постепенно в процессе развития личности индивидуума. Просто, может продолжить гипотетический читатель, у младенца еще не хватает мозгов или чего-то еще, чтобы заложенное в него свыше чувство объективно прекрасного как-то начало проявляться. И даже, мол, в юности у человека еще не достаточно что-то там развито, чтобы это заложенное в нем чувство проявилось во всю мощь.

И если бы действительно такое возражение возникло у моего читателя, я был бы этому очень рад. Потому что это означало бы, что у него вдумчивая манера чтения. А это, конечно, должно быть автору всегда приятно. Само же возражение мне не представляется правильным. Действительно, вернемся к примеру с французским импрессионизмом. Как все было в тот момент, когда французские импрессионисты принесли в мир свои творения? Разве в этот самый момент их красота открылась всему сознательному населению? Разве молодым эта красота открывалась в процессе их созревания? Нет, все обстояло совсем не так. И взрослому, и молодому поколению поначалу красоту «постичь» не удавалось. И только со временем эта красота «открылась» наконец всем. Добавим к сказанному такое жизненное наблюдение: молодым любое новаторство «открывается» быстрее.

И тогда все-таки получается так, что индивидуум формирует свои эстетические представления в течение всей жизни в зависимости от той среды, которой он окружен. Какая среда имеется тут в виду, думаю, понятно. Родители, друзья, школа оказывают поначалу колоссальное влияние на формирование эстетических вкусов людей. Потом оказывает влияние всякое прочее общественное воздействие, включая средства массовой информации, незапланированное и организованное течение событий. Авторитеты, знаменитости, исследователи творчества, биографы и те, кто раздают различные премии, оказывают большое воздействие на формирование вкусов. И так в течение всей жизни человек подвергается влиянию окружающей среды на формирование своего вкуса во всех его проявлениях.

Еще раз подчеркну здесь, что мы наблюдаем формирование эстетического развития человека не как «проявление» чего-то уже заложенного от рождения. Несколько упрощенно можно утверждать следующее. Если маленькому мальчику с детства говорят, что худенькие девочки – это красиво, то ему потом будут нравиться худенькие женщины. Если говорят, что толстые девочки – это очень красиво, то ему потом будут нравиться полные женщины. И их он будет считать стройными.

Если вокруг вас все говорят, что стихи лесенкой – это вершина стихосложения, вы в конце концов станете думать, что так оно и есть на самом деле, и, чего доброго, сами начнете писать лесенкой. Поэтому-то в начале 30-х годов прошлого столетия более девяноста процентов всех поэтов России писали стихи лесенкой.

Это я все говорю о втором подходе. И со сторонниками этого подхода трудно спорить. Ведь мы все время находимся в какой-то общественной среде. И мы не можем сказать, что было бы, если бы мы в этой среде не находились (а находились бы в другой среде). Можем ли мы хоть когда-то определенно сказать, чем обусловлено впечатление, которое производят на нас, скажем, стихи какого-то поэта? Можем ли мы сказать, что это впечатление обусловлено только внутренней силой и красотой его произведений и никак не связано ни с обстоятельствами его жизни, ни с тем, какими путями мы шли в процессе знакомства с его творчеством?

Я иногда слышу крайне противоположные суждения о поэзии Иосифа Бродского. Кто-то говорит, что интерес к его поэзии возник только благодаря всей этой истории с его преследованием в Советской России. Другие, его почитатели, говорят, что никакого отношения к оценке его поэзии все это не имеет.

Должен сказать, что обе стороны, на мой взгляд, не правы. Потому что мы не можем знать, что было бы, если Иосиф Бродский не преследовался советскими властями. Насколько вся эта история была существенна, мы могли бы сказать, если бы смогли сконструировать такой эксперимент.

Сначала, скажем, десять тысяч человек изолируются от общества с момента, предшествующего суду над Бродским, вплоть до 1985 года. Потом их возвращают в общество и сразу же дают оценить поэзию Бродского. В дополнение к этому (и в рамках того же эксперимента) те же десять тысяч человек каким-то образом возвращаются в далекое прошлое и живут уже нормальной (без изоляции) жизнью вплоть до 1985 года. И затем тоже оценивают поэзию Бродского. Если разницы в этих двух оценках не будет, тогда мы могли бы сказать, что никакой субъективной составляющей в оценке поэзии Бродского нет. А если разница в оценках будет существенной, мы придем к противоположному выводу.

Но такой эксперимент мы поставить не можем. Ну и значит, мы не можем сказать, что было бы, если бы Иосиф Бродский не преследовался советскими властями и если бы стенограмма суда над ним не читалась поголовно всей интеллигенцией страны. Хотя должен здесь подчеркнуть, что мы не знаем, *насколько* предыстория существенна. Но то, что она влияет в какой-то мере на нашу оценку творчества, это следует из всего сказанного выше.

Ахматова, надо полагать, считала, что преследование Бродского советскими властями в конце концов будет иметь благоприятное значение для него. Она говорила: «Какую биографию делают нашему рыжему!». Вот Анна Андреевна, как мне кажется, не должна была бы относиться отрицательно к положению о субъективизме в оценках литературных произведений.

Булгаковский герой, произносящий фразу, которую я приведу строчкой ниже, тоже, судя по всему, с положением о субъективности в оценках был бы согласен. Помните? «Повезло, повезло!.. Стрелял, стрелял в него этот белогвардеец и раздробил бедро и обеспечил бессмертие». А сам Михаил Афанасьевич, наверное, в субъективизм не верил. Поскольку приведенное здесь высказывание его героя было сделано с явным авторским неодобрением. А я должен признаться в том, что при первом знакомстве с «Мастером» мне пришлось перечитать этот кусок из романа, настолько диким мне показалось сказанное. Хотя на тот момент у меня было оправдание: моя нынешняя книга не была еще тогда мной даже задумана.

Возвращаюсь к своей мысли о том, что прямые жизненные эксперименты поставить чрезвычайно трудно. Однако кое-что все-таки возможно.

Когда мне было только еще 16 лет, я задумался вот над каким вопросом. Почему так происходит, что люди женятся по любви? Вот, скажем, парень полюбил какую-то девушку – но с чего вдруг она тоже должна полюбить именно его? Мысль о том, что браки совершаются на небесах, я, конечно, сразу отбросил. Ну и поэтому я решил, что если бы девушка не знала, что парень в нее влюблен, то очень маловероятно, что он ей мог бы понравиться. А раз так, значит, он ей понравился только потому, что она узнала о его чувствах. А это, в свою очередь, значит, что если сказать девушке, что она нравится какому-то парню, а ему – что он нравится ей, то они действительно могут понравиться друг другу.

Я поделился своими соображениями с приятелем, и он тут же решил проверить их на наших общих знакомых. Эксперимент закончился полным подтверждением моей гипотезы.

Помню еще два эксперимента, которые я, один неосознанно, а другой – осознанно, совершил над самим собой.

Когда я впервые попробовал маслины, они мне показались совершенно отвратительными. Но мой отец сказал, что у меня еще «не развит» вкус, поэтому мне маслины и не нравятся. И я, мол, должен попробовать их еще раз и постараться «понять», какие они вкусные. Я решил поверить своему отцу. Попробовал маслины в другой раз. Потом еще. И в какой-то момент я уже мог съесть одну-две маслины без особого отвращения. А очень скоро я стал маслины обожать.

Второй эксперимент я поставил над самим собой уже осознанно, когда был еще очень молод. Как-то я рассматривал экспозицию изобразительного музея им. Пушкина в Москве. В какой-то момент я увидел там кубистическую работу Пикассо. И, разглядывая ее, стал размышлять, почему она может нравиться людям. Я тогда уже знал, что есть люди, которым картины Пикассо кажутся полнейшей мазней, и есть почитатели Пикассо, которые считают его гением. Как такое могло случиться, представляло для меня загадку. Точнее, загадкой было то, что кто-то мог считать Пикассо гением. Тогда, в музее, на меня его картина не произвела никакого впечатления.

Единственный правдоподобный ответ, который мне пришел тогда в голову, был таков: наверное, все зависит от того, что тебе говорят о Пикассо другие. И от того, настроен ли ты верить тому, что говорят другие.

И я решил сам себя убедить в том, что те, кто считает Пикассо гением, правы. Я подошел к картине Пикассо и стал ее рассматривать с близкого расстояния. И говорил сам себе, как хороша эта картина, какие там бесподобные линии, изгибы и, вообще, как там все прекрасно. Однако от того, что я сам себя уговаривал, картина не стала мне вдруг нравиться на самом деле. Я потратил на самоубеждение, наверное, около часа. Но ничего со мной особенного не происходило. Ничто в картине Пикассо меня не трогало.

Однако я был настойчив. И я пошел в тот же музей через несколько недель. И опять подошел к той же картине Пикассо. И тут, наконец, я «понял», насколько она была хороша. Я бросился смотреть другие его работы. И все они показались мне очень хорошими. А через несколько месяцев я уже считал Пикассо гением.

Ну что ж, очень похоже на то, что струны нашей души открыты для того, чтобы сыграть, наверное, любую мелодию.

Таким образом, мы можем говорить о справедливости нижеследующих утверждений. Существование объективно прекрасного как основного фактора, влияющего на оценку произведений, не отвечает жизненным реалиям. В течение всей жизни человек подвергается влиянию окружающей среды. И это в основном определяет его вкус во всех проявлениях.

Я уже пытался ответить на вопрос, получает ли индивидуум от рождения какие-то представления о прекрасном. И уже говорил, что не знаю этого, но допускаю такую возможность. Сейчас только добавлю, что некоторые жизненные примеры подталкивают нас в этом направлении. Эти примеры возникают, когда неизвестный никому автор поражает силой и глубиной своего таланта сразу и независимо друг от друга (вроде бы – независимо друг от друга) большое количество людей. Такое случилось с публикацией «Ивана Денисовича» в ноябре 62-го.

Почему я говорю о том, что подобные примеры подталкивают нас, а не убеждают? Да потому только, что весьма возможно допустить, что общественная среда подготавливает почву не только для восприятия произведений, но и для их создания.

Но как бы то ни было с представлениями о прекрасном от рождения (или, по-другому говоря, с наличием объективно прекрасного), мы должны заключить, что основным для формирования вкуса человека является влияние окружающей среды. А оценку произведений мы делаем на основании выработанного вкуса. И, таким образом, эта оценка будет субъективной. Точнее (или осторожнее) сказать, что она будет *во многом* субъективной.

Потому что мы не можем полностью исключить объективную составляющую из рассмотрения. Не можем, хотя мы и пришли к выводу, что объективная составляющая (если она есть) является несущественной по сравнению с субъективной.

Таким образом, мы пришли здесь к тому, что очень напоминает выводы релятивистской концепции языка. А именно: любые два человека имеют различные эстетические представления. Эти представления у каждого человека меняются со временем и всецело зависят от временнóго периода, в котором он живет, и от окружающей его обстановки.

Можно ли распространить выводы об относительности эстетических суждений людей на относительность религиозных и моральных убеждений?

Ну, поскольку все мои рассуждения не были существенно привязаны к эстетике художественных произведений, то я бы ответил положительно на свой вопрос. И думается, что мой положительный ответ не вызовет ни у кого никаких возражений. Не ожидаю я даже возражений по поводу религии. Я думаю, что любой человек, независимо от своих религиозных убеждений, должен найти здесь подтверждение своей точки зрения.

Религиозные люди принимают свою религию в результате акта веры, а не на основании каких-то научно-исторических изысканий или логических умозаключений. Поэтому мои выводы не должны иметь никакого отношения к их религиозным убеждениям. В то же время идеи релятивизма помогают им понять, как и почему сторонники других религий, или нерелигиозные люди, или даже атеисты выбрали свой путь.

Что касается противников любых религий, то они, я думаю, найдут в моих рассуждениях еще одно подтверждение своей точки зрения на сугубо земное происхождение убеждений религиозных людей.

Кластер-модель

Теперь я хочу несколько подробнее остановиться на обсуждении такого понятия, как вкус. Если вкус – это нечто субъективное, то как тогда можно утверждать, что кто-то обладает хорошим или плохим вкусом? Что такое тогда тонкий или примитивный вкус?

Я попытаюсь ответить на эти вопросы. Однако я не хочу говорить о том, что обычно думают об этом другие. Мне кажется, что у большинства людей нет твердого представления на этот счет. Поэтому я буду говорить о том, какое представление об этом (не осознанное большинством) достаточно хорошо отражает жизненные реалии.

Но сначала я скажу о некоторых технических вещах. Рассмотрим такой гипотетический эксперимент. Предположим для простоты изложения, что мы изучаем воздействие на людей произведений двух поэтов – Александра Сергеевича Пушкина и Осипа Эмильевича Мандельштама. И пусть (опять же для простоты) их воздействие оценивается людьми (осознанно или неосознанно) по шкале от 0 до 10. Рассмотрим теперь двумерную картинку (см. рис. 1), где по оси абсцисс (горизонтальной оси) откладываются оценки воздействия на каких-то индивидуумов стихотворений Пушкина, а по оси ординат (вертикальной оси) - оценки воздействия стихотворений Мандельштама.

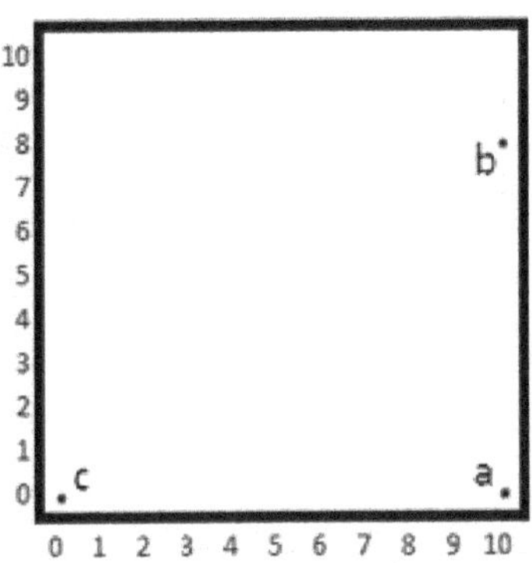

Рис. 1. Шкала предпочтений

На этом рисунке изображены оценки трех индивидуумов, которые обозначены буквами «*a*», «*b*» и «*c*». Координаты оценок индивидуума «а» таковы: по оси абсцисс – 10, по оси ординат – 0. Это значит, что индивидуум «*a*» очень ценит стихи Пушкина и не любит стихи Мандельштама. Индивидуум «*b*» любит Пушкина (оценка 10) и Мандельштама, но несколько меньше, чем Пушкина (оценка 8). И индивидуум «*c*» не любит ни стихов Пушкина (оценка 0), ни стихов Мандельштама (оценка 0).

Представим теперь, что число опрошенных будет гораздо больше трех. Тогда картинка будет содержать столько точек, сколько имеется индивидуумов, согласных принять участие в приведенной мной процедуре оценки стихотворений Пушкина и Мандельштама. Один из возможных результатов такого гипотетического опроса изображен на рис. 2.

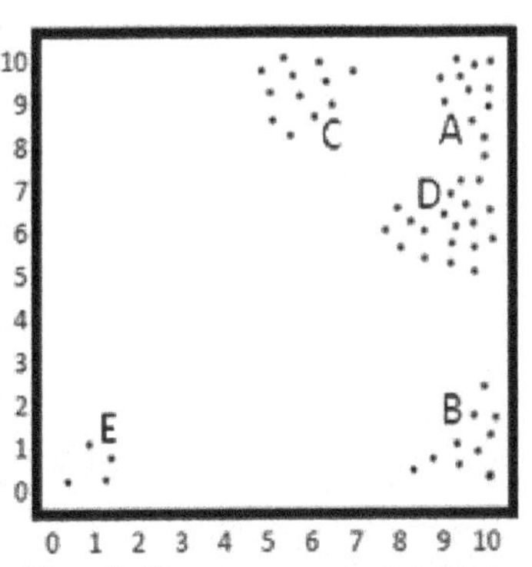

Рис. 2. Двумерные кластеры

Здесь мы видим, что ответы участников сгруппировались в пять различных подмножеств (групп, сгустков, скоплений), которые в статистической литературе называют кластерами. Мы уже использовали такое понятие и связанную с ним статистическую процедуру – кластер-анализ – в разделе «Национальный язык» первой главы.

На рис. 2 к кластеру «*A*» относятся индивидуумы, которые примерно одинаково и высоко оценивают произведения Пушкина и Мандельштама. Кластер «*B*» представляют почитатели Пушкина, практически отрицательно относящиеся к поэзии Мандельштама. В кластер «*D*» входят те, кто любит Пушкина и достаточно высоко оценивает творчество Мандельштама. В кластер «*C*» входят люди, равнодушные к Пушкину и очень любящие поэзию Мандельштама. И, наконец, кластер «*E*» составляют индивидуумы, которые не любят ни Пушкина, ни Мандельштама.

Если бы мы в действительности проводили такой анализ, то могли бы сделать некоторые выводы относительно обозреваемых нами кластеров. Мы могли бы, скажем, отметить социальный состав некоторых кластеров. А если бы у нас не было сведений о социальном составе кластеров, то мы могли бы сделать некоторые предположения по этому поводу. Мы могли бы заметить, что между кластерами «*A*» и «*D*» нет четкой границы и что можно рассматривать объединенный кластер, куда входят люди, любящие Пушкина и в той или иной степени любящие Мандельштама.

Но мы сейчас рассмотрели только гипотетический пример. В реальной жизни все гораздо сложнее по нескольким причинам (даже применительно только к оценке поэтических произведений). Во-первых, у каждого человека есть свои представления о сотнях поэтов. И уже по этой причине соответствующая картинка вместо двумерной становится многомерной. Во-вторых, «списки» поэтов у всех разные. В-третьих, индивидуумы не только оценивают всю поэзию какого-то определенного поэта в целом. Они имеют особое мнение по поводу каждого отдельного стихотворения. В-четвертых, одна и та же оценка, скажем, восторженная, какого-то одного произведения может делаться по совершенно разным причинам.

Все эти и другие обстоятельства могут быть учтены при анализе кластер-картинок. Но вследствие приведенных причин, а также по ряду других причин размерность наших картинок возрастет очень сильно. Эти картинки представляют собой что-то вроде эллипсоидообразных или бананообразных областей, расположенных в многомерном пространстве (мы говорили уже о таком рассмотрении в первой главе). Провести статистическую обработку таких массивов было бы в принципе возможно, используя специальные процедуры, работающие с многомерными данными. Но беда заключается в том, что собрать данные для такого эксперимента, наверное, никто никогда не сможет.

Однако то обстоятельство, что собрать данные невозможно, не означает, что данных для эксперимента не существует. Ведь у каждого потенциального участника эксперимента есть определенные субъективные предпочтения относительно поэтов, которых он знает. А значит, существует и кластер-картинка субъективных оценок (хотя она никому не известна).

Такие кластер-картинки существуют по отношению к различного рода оценкам. Например, существуют кластер-картинки, отражающие литературные предпочтения русскоговорящих, или художественные предпочтения в испанской живописи, или даже предпочтения по поводу, скажем, одного кинофильма. В последнем случае многомерность кластер-картинки возникает из-за различных аспектов фильма. Такими аспектами могут быть сюжет, игра актеров, различного рода художественные достоинства, музыкальное сопровождение, операторские новаторства и, возможно, многое другое. И все такие кластер-картинки будут субъективными, поскольку они строятся на основе оценок (предпочтений) с доминирующей субъективной составляющей.

Теперь уже можно ответить на те вопросы, которые я задал в начале этого раздела. Как можно утверждать, что кто-то обладает хорошим или плохим вкусом? Что такое тонкий или примитивный вкус?

Поскольку вкус – понятие субъективное, все вкусовые представления оказываются относительными. Для кластера, в котором нахожусь я, ваш вкус (если вы находитесь в другом кластере) будет необъясним для меня. А мой вкус будет необъясним для вас.

То есть получается так, что мы все разбиты на кластеры предпочтений (или вкусов) по отношению к определенному предмету оценки. Внутри каждого кластера оценки этого предмета довольно близки, а между кластерами они могут существенно различаться.

Можно ли поставить один кластер людей выше другого? Ну, скажем, можно ли кластер, объединяющий профессионалов в какой-то области, поставить выше других кластеров? Скажем, можно ли кластер литераторов поставить выше других кластеров (применительно к оценке литературных произведений).

Разные люди по-разному ответят на поставленный вопрос. Большинство, как я думаю, скажут, что литераторы чувствуют, знают и понимают литературу лучше других. И с этим я не согласен.

Начну с того, что «чувствовать», «знать» и «понимать» – это разные понятия. И не стоит их складывать в одну корзину. То, что профессионалы знают литературу больше других, у меня не вызывает сомнений. Они всю жизнь занимаются литературой. Конечно, они знают больше других. Хотя тут я должен был бы оговориться и сказать, что они знают, *вообще говоря*, больше других. И то, что они чувствуют глубже, тоже не вызывает сомнений. Конечно, их эмоции, сильнее эмоций тех, кто ничего не знает о предмете. *Вообще говоря*, сильнее.

А вот то, что они *понимают* литературу лучше, – в этом большой вопрос. Для меня слово «понимать» означает наличие ощущений, связанных с внутренними характеристиками оцениваемого произведения. Ну а если мы пришли к тому, что основным при оценке произведения является не что-то внутреннее, а субъективная составляющая, то слово «понимать» тут, как получается, совсем не подходит.

Как, например, для меня звучит фраза: «Я стал понимать картины Гойи после того, как побывал в Прадо»? Она для меня звучит довольно нелепо. И именно вследствие всего того, что было сказано выше. Кто-то может думать, что начал «понимать» картины Гойи. Но это, скорее всего, означает лишь, что картины Гойи стали этому человеку нравиться. Если человек такую фразу все-таки произнес, то он, по всей видимости, «исповедует» понятие объективно прекрасного (по крайней мере, в искусстве). И он считает, что то, что ему картины Гойи стали нравиться, произошло не потому, что он предпринимал для этого много усилий. Он, судя по всему, думает, что это произошло потому, что он наконец-то «понял», что же в этих картинах есть объективно прекрасного. Поэтому-то он и говорит, что стал их «понимать».

Таким образом, получается, что единственное, что можно с уверенностью сказать о представителях двух разных кластеров, – это то, что они отличаются друг от друга. А если кто-то утверждает, что у какого-то, скажем, литературоведа отличный вкус, то это будет абсолютной нелепостью. Потому что у него не отличный вкус, а вкус, сформированный многолетним взаимодействием в профессиональном сообществе.

Правда, возможно, я здесь не совсем прав. Потому что все зависит от того, как понимает говорящий словосочетание «отличный вкус». Для кого-то это способность безошибочно распознавать прекрасное, заложенное свыше. А для кого-то (особенно если он прочитал эту мою книгу) – это как раз вкус, сформированный в результате многолетнего общения с себе подобными в узком литературоведческом кругу. В последнем случае я, конечно, не стал бы считать подобное высказывание нелепым.

Кластер-картинки субъективных предпочтений, или вкусов, вместе с положением о доминировании субъективной составляющей объясняют природу вкусов и, таким образом, образуют некоторую модель. Эта модель отражает относительность субъективных предпочтений, или вкусов. Поэтому я называю ее релятивистской кластер-моделью.

Интерпретация кластер-модели

В этом разделе я попытаюсь обсудить различные высказывания о вкусах (в частности, касающиеся литературы, искусства и музыки) и посмотреть, как они соотносятся с введенной выше релятивистской кластер-моделью. Для начала – небольшой тест для читателей. Какие из приведенных ниже восьми фраз говорят о том, что произносящий их является сторонником объективизма в оценках?

1. Это просто какая-то безвкусица.
2. Комнаты покрашены в какие-то аляповатые цвета.
3. В последнее время развелось очень много графоманов – скоро парикмахеры начнут писать стихи.
4. Это не живопись, а мазня.
5. Тебе надо больше слушать музыку Шнитке, тогда ты ее начнешь понимать.
6. Я стал понимать Пастернака после того, как прослушал несколько лекций о его поэзии.
7. Пикассо – гений.
8. У нее бесформенная фигура.

Отметьте фразы, которые произносит сторонник объективизма. Затем просуммируйте номера отмеченных фраз. Если у вас получилось число 36, то вы выполнили норму на получение значка «Отличник релятивистской кластер-модели». Если меньше 36, то норму вы не выполнили. Если более 36, то вы не выполнили какую-то другую норму в каком-то другом месте.

Ниже я попытаюсь прокомментировать все высказывания моего теста.

1. Это просто какая-то безвкусица.

Произносящий эту фразу – сторонник объективизма (как и во всех примерах этого теста). Говоря о безвкусице, он, по логике вещей, считает, что вкус – понятие объективное.

2. Комнаты покрашены в какие-то аляповатые цвета.

Так же, как и в первом примере, говорящий исходит из того, что вкус – понятие объективное. Ему окраска стен не нравится. Поэтому он, по всей видимости, считает, что такая окраска не может понравиться никому, у кого «нормальный» (то есть такой же, как у него) вкус.

3. В последнее время развелось очень много графоманов – скоро парикмахеры начнут писать стихи.

Автор этой фразы – очевидно, выходец из бывшего Советского Союза, (где, как известно, профессия поэта многими считалась определенно престижнее профессии парикмахера). Он убежденный сторонник объективизма. Поскольку он считает, что можно однозначно сказать, какие стихи хорошие, а какие нет. Более того, этого человека определенно раздражает сам факт того, что многие люди пишут стихи.

4. Это не живопись, а мазня.

Примерно так в 1962 году оценивал кукурузник

Никита выставленные в буфете Манежа картины (по случаю 30-летия Московского союза художников). «Все это не нужно советскому народу», – говорил он. Был ли прав советский кукурузник? Я думаю, что выставленные тогда в Манеже картины представляли интерес только для небольшой группы людей. К тому же, для многих из них этот интерес подогревался тем обстоятельством, что это художественное течение противостояло официальной советской доктрине. Всему остальному населению страны выставленные картины определенно показались бы мазней, если бы эти картины были народу показаны. Поэтому Никита и его окружение (все с красными звездами во лбу) были в каком-то смысле правы: советскому народу такая живопись была не нужна. Однако же, будучи явным представителем сторонников объективизма, он считал свое предпочтение (в этом случае совпадающее с предпочтением представителей громадного кластера, объединяющего почти все население страны) объективным. И так же, как и в предыдущем примере (с парикмахерами), был явно неправ. Только неправ он был в гораздо большей степени (с моральной позиции – преступно неправ), поскольку обладал практически неограниченной властью и пользовался ею для подавления инакомыслия.

5. Тебе надо больше слушать музыку Шнитке, тогда ты ее начнешь понимать.

Формально фраза не имеет никакого смысла. Здесь – полная аналогия с уже рассмотренным мной в предыдущем разделе примером о картинах Гойи. Если бы эта фраза была обращена ко мне, то я поправил бы говорящего следующим образом. Если я начну больше слушать Шнитке (прибавлю к этому – да еще с желанием, чтобы мне наконец-то его музыка понравилась), то, безусловно, скоро его музыка мне станет нравиться. Слово «понимать» может в данном контексте использовать только сторонник объективизма.

6. Я стал понимать Пастернака после того, как прослушал несколько лекций о его поэзии.

Какой смысл в этой фразе? Об этом я могу сказать то же самое, что я говорил в примере о музыке Шнитке и в предыдущем разделе о картинах Гойи. Человеку, произносящему эти слова, скорее всего, стала нравиться поэзия Пастернака. Он стал получать какое-то удовольствие от прочтения его стихов. И слово «понимать» тут совершенно ни при чем. Если, конечно, он не имел в виду, что хотел дойти до самой сути в стихах Пастернака (что без посторонней помощи – крайне сложная задача).

7. Пикассо – гений.

Если человек утверждает это без всяких оговорок, то он – сторонник объективизма. Как это ни покажется удивительным, я тоже могу сделать такое утверждение. Но я буду понимать под этим вот что. Я знаю многих ценителей живописи, для которых творения Пикассо вызывают чрезвычайно сильные положительные эмоции. И сам принадлежу к их числу. Но я отдаю себе отчет в том, что существует много людей, для которых работы других художников вызывают сильные положительные эмоции, а работы Пикассо таких эмоций не вызывают. Более того, я понимаю, что по прошествии некоторого времени кластер ценителей Пикассо может сильно измениться. Во-первых, потому, что люди могут изменить свои предпочтения. А во-вторых, потому, что ценители Пикассо уходят, а новое поколение может быть увлечено другими именами. В таком случае то, что я думаю о Пикассо, уже не очень соответствует общепринятому пониманию слова «гений» (вспомним здесь, что я говорил по поводу относительности значений слов, когда излагал релятивистскую концепцию языка). Но все же я говорю, что Пикассо – гений, хотя в моем понимании значение этого слова будет отличаться от общепринятого. В этом смысле получается, что какие-то другие высказывания моего теста могли быть сделаны сторонниками субъективизма (особенно теми, кто ознакомился с моим, нынешним трудом). Только значения их слов несколько отличались бы от общепринятых (в частности, вследствие того, что эти значения поменялись после прочтения этой моей книги). Однако же я не буду менять свою точку зрения на то, кто выполнил норму для получения значка «Отличник релятивистской кластер-модели».

8. У нее бесформенная фигура.

Я уже обсуждал подобный момент – про маленького мальчика и толстых девочек. Если человек не считает, что понятие хорошей или плохой фигуры субъективно, то формально он сторонник объективизма. Хотя и здесь тоже следовало бы, как и в предыдущем примере, оговориться. Это высказывание могло быть сделано и сторонником субъективизма. Только тогда под бесформенной фигурой говорящий понимал бы фигуру, которая многими считается бесформенной в данный исторический промежуток времени.

Этим обсуждением примеров моего теста я хочу завершить главу. Думаю, что ее идеи будут по-разному восприняты разными людьми. Так, скажем, представители шоу-бизнеса вряд ли будут шокированы моим подходом. Более того, я даже опасаюсь, как бы они не обвинили меня в том, что я высказываю мысли слишком тривиальные. А вот люди с тонкой душевной организацией разговоры о релятивистской кластер-модели вкусов, думаю, будут воспринимать весьма болезненно.

И я думаю, что читатель моего труда в целом не всегда будет принимать мои положения и доводы. Что я вполне ожидаю, поскольку не считаю, что изложение мое свободно от недостатков. А основным из них является то, что проблемы языка и мышления я рассматриваю на понятийном уровне нашего языка и нашего мышления.

Другие книги Славы Бродского

Бредовый суп

Повесть в рассказах

Лимбус Пресс, Санкт-Петербург, Москва, 2004 – 288 с.
ISBN: 5-8370-0090-9

Повесть о математике Илье, эмигранте из России, живущем в Америке. Ему снятся сны о том, что когда-то происходило с ним в его прежней жизни. А те сны, которые ему снились когда-то давным-давно, оказались близки к его реальной жизни в Америке. Название повести взято из высказывания Ильи о ситуации в советской России: «… все было полным бредом. Люди в бредовых одеждах сидели в бредовых комнатах на бредовых стульях и бредовыми ложками ели бредовый суп».

Смешные детские рассказы

Записки двенадцатилетнего мальчика

Manhattan Academia, 2007 – 144 с.
ISBN: 978-0-615-16120-4

Сборник коротких детских рассказов о событиях, происходивших в Москве в середине пятидесятых годов прошлого века, через десять лет после окончания второй мировой войны. Рассказы могут быть интересны как детям, так и взрослым. Дети найдут в книге много по-настоящему смешных эпизодов и смогут посмотреть на столицу России середины двадцатого века глазами двенадцатилетнего мальчика. Взрослые будут иметь возможность посмотреть на те же события своими глазами и тоже посмеяться, а может быть, и погрустить.

Исторические анекдоты

Пособие по истории советской России

Manhattan Academia, 2007 – 156 с.
ISBN: 978-0-615-18503-3

Исторические анекдоты автора с его собственными комментариями. Анекдоты написаны в помощь тем, кто изучает историю большевицкой России, и имеют своей целью поколебать нерушимую веру значительной части людей нашей планеты в социалистические идеи всяких сортов. Книга содержит предисловие-эссе о десяти мифах советской России, живучесть которых стала, по-видимому, одной из причин того, что социалистические идеи не были дискредитированы в глазах большинства людей после провала социалистического эксперимента в России.

Релятивистская концепция языка

Научно-литературная композиция

Manhattan Academia, 2007 – 120 с.
ISBN: 978-0-615-18454-8

Описание новейшей лингвистической концепции релятивизма, включающей положения об относительности различных процессов, связанных с языком человека, и ограниченности взаимопонимания между людьми. В приложениях показано отношение концепции к литературе и другим областям человеческой деятельности. Приводятся примеры, касающиеся норм литературного языка, научных и судебных споров, присуждения премий по литературе и создания прозаических и поэтических переводов.

Большая кулинарная книга развитого социализма

Для гурманов и простых людей Москвы и Ленинграда

Manhattan Academia, 2010 – 84 с.
ISBN: 978-1-936581-00-9

Кулинарные рецепты и советы для жителей двух городов советской России – Москвы и Ленинграда. Собрание рецептов относится к двум фазам общественного устройства страны – развитого социализма и коммунизма, – которые закончились в начале девяностых годов прошедшего столетия. Книга, однако, остается полезной для многих, кто живет в России сейчас. Она может оказаться ценной и для жителей регионов мира с похожим укладом жизни. Книга также должна представить несомненный интерес для тех, кто изучает проблемы социализма и коммунизма, и особый интерес – для тех, кто никогда над такими проблемами не задумывался.

Московский бридж. Начало

Manhattan Academia, 2014 – 176 с.
ISBN: 978-1-936581-06-1

Воспоминания автора о первых шагах спортивного бриджа в советской России конца 60-х – конца 70-х годов двадцатого столетия. О первых поединках московских команд по бриджу и о ведущих игроках московского бриджа тех лет. О московских турнирах тех времен и о выступлениях москвичей на всесоюзных состязаниях по бриджу. О той атмосфере, которая окружала бридж в период тоталитарного коммунистического режима в стране. И о романтике бриджа – самой интеллектуальной игры, когда-либо изобретенной человеком и вовлекшей в свою орбиту двести миллионов игроков по всему миру.

Арт-каталог

В пространстве двух с половиной измерений

Manhattan Academia, 2016 – 120 с.
ISBN: 978-1-936581-03-0

Каталог арт-работ автора. Содержит обширное предисловие и четыре раздела. Главный раздел – «Керамика» – включает все основные керамические творения автора, начиная с ранних работ 1997 года и кончая последними работами. В раздел «Живопись» входят картины двух периодов: российского и американского. Раздел «Коллажи» представляет серию работ под общим названием "*Single Malt Art*"; каждый коллаж имеет свой так называемый «параллельный сюжет». В последнем разделе представлена небольшая серия чайников, выполненных автором в металле.

Красный зигзаг

Записки кооператора

Manhattan Academia, 2017 – 204 с.
ISBN: 978-1-936581-09-2

Воспоминания автора, в которых центральное место занимает история частного пчеловодного товарищества, возглавляемого молодыми московскими научными работниками. Действие происходит в Москве и в глубинке Воронежской и Саратовской областей в конце семидесятых – начале девяностых годов прошедшего столетия на фоне драматических событий, разворачивающихся в это время в Советской России.

С первого взгляда

Двадцать семь коротких рассказов

Manhattan Academia, 2019 – 148 с.
ISBN: 978-1-936581-20-7

Серия коротких рассказов о любви. Часть первая: Брачный контракт, Туся, Шутка, Сынишка, На всю жизнь, Этика стука, Зинаида Сергеевна, Стройотряд, Трефовый валет. Часть вторая: Бусы на день рождения, Аня Соколовская, Покер Маяковского, Мыши, Красновидово, Мягкий вагон, Филадельфия, Мальчик, Дура. Третья часть: Банальная история, Магнат, Грустные проводы, С первого взгляда, В Гурзуфе, «Акт ненападенья», Дочь генерала, Вика, Знаменитость.

Будни и вахты

Manhattan Academia, 2023 – 48 с.
ISBN: 978-1-936581-28-3

Две серии вырезок из советских газет. Сопровождаются большим предисловием автора о штампах советской печати.

Грустные музыкальные истории

Пуньяни-Крейслер и всякое другое

Manhattan Academia, 2025 – 74 с.
ISBN: 978-1-936581-41-2

Воспоминания автора о годах обучения музыке и последующих годах, когда музыка была весьма далека от сферы его профессиональных интересов.

www.ingramcontent.com/pod-product-compliance
Lightning Source LLC
LaVergne TN
LVHW011157080426
835508LV00007B/462

* 9 7 8 1 9 3 6 5 8 1 5 0 4 *